人力资源管理专业应用型本科教材

工作分析

王素艳　主编

中国劳动社会保障出版社

图书在版编目（CIP）数据

工作分析/王素艳主编. -- 北京：中国劳动社会保障出版社，2023
人力资源管理专业应用型本科教材
ISBN 978-7-5167-5238-8

Ⅰ. ①工…　Ⅱ. ①王…　Ⅲ. ①人力资源管理-高等学校-教材　Ⅳ. ①F243

中国版本图书馆 CIP 数据核字（2022）第 039300 号

中国劳动社会保障出版社出版发行
（北京市惠新东街 1 号　邮政编码：100029）
*
三河市潮河印业有限公司印刷装订　　新华书店经销
787 毫米×1092 毫米　16 开本　17.5 印张　238 千字
2023 年 5 月第 1 版　　2023 年 5 月第 1 次印刷
定价：45.00 元

营销中心电话：400-606-6496
出版社网址：http://www.class.com.cn

内容提要

《工作分析》共分为 8 章，包括工作分析概述、工作分析的组织与实施、工作分析的方法与工具、工作说明书的编制与管理、工作分析结果运用与工作分析工作评估、定岗定编、工作设计与工作再设计、工作评价。本书集合人力资源管理的“知识”“技能”“实训”三位一体，同时整合“新趋势”“新方法”，做到合理运用。

本书既适合高等院校人力资源管理专业及其他相关专业的师生阅读、使用，也能够满足不同层次的企业管理者，以及对人力资源管理感兴趣的人士、研究者、咨询师和培训师的学习、借鉴需要。

序

随着信息化和大数据的发展，人力资源管理有着很大的变化与发展，尤其是新趋势、新技术在人力资源管理中的应用，对于人力资源管理专业的学习有着更高的要求。我国高等学校管理科学的人力资源管理专业领域的科研、教学和应用等方面都取得了长足进步，培养了一大批优秀人才，但由于各所高等学校在相关专业的发展历史、特点和背景上的差异，以及企业对人才需求的多样化、实务化，使我国人力资源管理专业教育面临着机遇和挑战。

“人力资源管理专业应用型本科教材”以人力资源管理专业学科体系为依托，涉及人力资源规划、工作分析、招聘与配置、培训与开发、绩效管理、薪酬管理、人员素质测评、劳动关系管理等方面的内容。本系列教材包括《人力资源管理概论》《工作分析》《人员招聘与配置》《人力资源培训与开发》《绩效管理》《薪酬管理》《人员素质测评》《员工关系管理》《人力资源服务概论》和《职业生涯规划》共 10 本，特色归纳如下：

第一，呈现了最新的理论和系统性的知识。本系列教材在整个高等学校人力资源管理专业设计过程中，不仅强调基础理论知识的学习，而且从整套教材体系的搭建到各书种内容的安排，系统性地呈现了人力资源管理的理论知识。

第二，提供了实务操作技能的方法和工具。本系列教材从方法、工具到所选择的各个模块，充分反映了人力资源管理专业的技能运用，为读者提供了全方位的人力资源管理教学指导与依据，是人力资源管理专业教师开展教学和学生在学习、工作中必不可少的参考书。

第三，增加了课程实训的演练内容。本系列教材在“学习目标”和“本章自测题”的基础上，增加了在人力资源管理实践中的“课程实训”模块内容，增强了教材的实用性，以期辅助读者更快地领会与掌握人力资源管理的基本理论以及技术方法。

当然，本系列教材还有许多可以不断完善和修改的地方，我们殷切希望广大读者能够在使用过程中，给我们提供好的意见和建议，使之日臻完善，共同为中国的人力资源管理事业添砖加瓦。

编者

2023 年 5 月

前　言

随着我国改革开放的不断深入和经济的迅速发展，以及全球企业的竞争越来越激烈，对企业人力资源管理提出了新的要求和新的挑战。企业如何成功地吸引、激励和保留优秀的人才，如何立足于竞争激烈的市场，唯一的途径就是掌握最新的人力资源管理知识，利用高效的技术、方法和工具，对组织内部的人力资源进行充分开发和科学管理。其中，工作分析是企业实现人力资源管理目标的重要手段之一。

《工作分析》共分为 8 章，包括工作分析概述、工作分析的组织与实施、工作分析的方法与工具、工作说明书的编制与管理、工作分析结果运用与工作分析工作评估、定岗定编、工作设计与工作再设计、工作评价。

如何将工作分析理论与管理实践进行有效结合？如何精准掌握工作分析的方法与工具？如何把握工作分析的最新趋势？如何在掌握工作分析知识的基础上，快速提高工作分析管理者的专业技能？本书将系统指导、逐一呈现。

1. “知识”“技能”“实训”三位一体。全书以管理的工作过程和工作内容为导向，深入剖析企业在实际工作分析工作中遇到的相关问题，并提出有针对性的解决方案和方法等，包括文书、计划、表单、流程、技巧、模型、工作标准、案例等，帮助读者加深理论、有效操练和参考借鉴。

2. “新趋势”“新方法”合理运用。全书多层次、多维度地阐述了工作分析全面的内容，尽可能地针对企业实践吸收了人力资源管理领域的新思想、新理论、新方法。

在本书编写过程中，特别感谢管理学领域一些杰出学者和企业界人士所提供的评论以及建议，他们的许多专业知识、独到见解和体会很值得我们欣赏。同时，我们还要感谢在高校管理学教学第一线的教师们，他们投入了大量时间和精力，通过各种渠道给我们提供了高校科研、教育教学、在校学生方面关于教材颇有价值的信息反馈。

本书既适合高等院校人力资源管理专业及其他相关专业的师生阅读、使用，也能够满足不同层次的企业管理者，以及对人力资源管理感兴趣的人士、研究者、咨询师和培训师的学习、借鉴需要。

2023 年 5 月

目　　录

第一章　工作分析概述

学习目标

➢掌握工作分析的概念
➢明确工作分析的内容
➢了解工作分析实施的原则
➢知晓工作分析有关的术语
➢了解工作分析的发展历程
➢明确工作分析的结果及表现形式

引导案例

AB 公司是一家从事金属加工生产的企业，创业之初只有员工 20 多人，经过全体员工的辛勤努力，公司现已发展成为产、供、销一体化的集团公司。公司现有 7 个部门、400 多名员工。各部门经理主要通过外部招聘引进，员工整体知识水平较高。

随着业务扩张的需要，公司在经营的过程中，各种问题逐渐凸显出来，主要表现在以下 4 个方面。

➢部门之间、岗位之间的职责与权限缺乏清晰的界定，有的部门抱怨事情太多人手不够，任务不能按时完成；有的部门抱怨人员冗杂、人浮于事、效率低下。

➢在人员招聘方面，招聘标准模糊。

➢工作任务要求不明确，部分岗位员工按照自己的理解来工作。

➢绩效考核和薪酬制度不科学、不完善，员工流失率高。

由于工作分析是各项人力资源管理工作的基础，因此，人力资源管理专家建议首先从工作分析入手来解决上述问题。

1. 组织结构设计

首先对公司的组织结构进行分析和探讨，对组织结构的设计需考虑组织发展战略、所处环境、业务特点、发展规模、人力资源状况等，确定组织结构设计的思路。

2. 工作分析的实施主体

组建工作分析小组，小组由一位公司副总经理、人力资源部工作人员及外部聘请的一位专家组成。

3. 确定工作分析的实施流程（略）

4. 工作分析前期资料的收集（略）

5. 工作分析方法及工具

为了高效率地完成工作分析，采用以问卷调查的方式为主，以访谈法、观察法、工作日志法为辅的分析方法。

6. 撰写岗位说明书与部门职能说明书。

根据收集核实的信息，人力资源部开展岗位说明书的编写工作，并进行修正与存档。

通过开展全面的工作分析，公司首先明确了各部门、各岗位的职责，有效解决了员工职责不清、任务不明晰、互相推诿的问题，包括招聘、考核、薪酬标准等问题，同时也为公司未来的发展奠定了坚实的基础。

第一节　工作分析简介

一、工作分析的概念

工作分析又称职位分析、岗位分析或职务分析，是对组织中某个特定职务的设置目的、任务或职责、权利和隶属关系、工作条件和环境、任职资格等相关信息进行收集与分析，并对该职务的工作做出明确的规定，且确定完成该工作所需的行为、条件、人员的过程。

工作分析是组织中一项重要的管理活动，通过收集、分析、整理与工作有关的各种信息，为组织的人力资源管理工作提供支持和依据。

二、工作分析的内容

工作分析的内容取决于岗位分析的目的和用途，而不同的组织都有其特点及急需解决的问题，因此，岗位分析的侧重点会有不同，岗位分析的内容也会存在差异。

（一）分析的内容

工作分析的内容主要包括岗位描述和岗位规范。

1. 岗位描述

岗位描述明确岗位工作的具体特征，是对岗位工作的范围、任务、责任、方法、工作环境等的详细描述，主要包括以下 7 个方面的内容。

（1）做什么。“做什么”是指岗位的任职者所从事的工作活动，主要包括以下 3 个方面的内容。

①岗位的任职者需完成的工作内容。

②岗位的任职者需实现的工作目标。

③岗位的任职者需达到的工作标准。

（2）为什么做。“为什么做”是指岗位任职者的工作目的及此岗位在整个组织中的作用，具体包括以下两个方面的内容。

①岗位任职者在岗位工作的目的。

②此岗位与组织中的其他岗位之间的联系。

（3）谁来做。“谁来做”是指谁从事此岗位工作及从事此岗位的任职者必备的素质要求，主要包括以下 5 个方面的内容。

①身体素质的要求。

②知识技能的要求。

③相关工作经验的要求。

④教育和培训的要求。

⑤个性特质的要求。

（4）何时做。“何时做”是指岗位的任职者从事此岗位工作的时间安排，主要包括以下两个方面的内容。

①从事此岗位工作作息时间的安排。

②对此项工作每日、每周、每月的工作进程的安排。

（5）在哪里做。“在哪里做”是指此岗位的工作地点、环境等，主要包括以下两个方面的内容。

①从事此岗位工作的硬件环境、自然环境。

②从事此岗位工作的人文环境、社会环境。

（6）为谁做。“为谁做”是指岗位的任职者从事的工作与组织中的其他部门之间发生的相互关系，主要包括以下两个方面的内容。

①负责此岗位的部门直接领导，即请示汇报的对象。

②在工作过程中此岗位需要横向联系的组织中的其他部门或人员。

（7）怎么做。“怎么做”是指此岗位工作要求或者组织要求员工如何从事此项工作，主要包括以下 3 个方面的内容。

①工作的程序、规范。

②展开工作所必备的各种硬件、软件设施。

③从事此岗位工作所需要的权利。

2. 岗位规范

岗位规范是指胜任某岗位工作所需的知识、技能以及职责、程序的具体说明。它是岗位分析结果的一个组成部分。岗位规范可以让员工更详细地了解岗位工作的内容和要求，以便能顺利地开展工作。岗位规范主要包括以下 5 项内容。

（1）知识与学历，指胜任某岗位的知识要求和学历要求。

（2）技能要求，指胜任某岗位所应具备的基本技能。

（3）身体素质要求，指身体健康状况。

（4）岗位职责，指自身岗位以及对其他人的职责。

（5）工作环境，指工作场所、工作危害等。

（二）分析内容的标准化

工作分析内容的标准化是指对工作分析内容进行规范化、结构化、分解化与具体化的处理过程。工作分析内容的标准化一般按照指标要素的拟定、指标范围的选择、指标标度的划分及指标修改与调整的流程进行。

1. 指标要素的拟定

指标要素的拟定关系到工作分析内容标准化的规范性，更关系到工作分析指标体系构建的准确性和实用性。

（1）指标要素拟定的步骤

①确定工作分析岗位。构成公司整个组织架构的岗位包括管理岗位和基层岗位。指标体系构建人员应首先对所有要分析的岗位有一个全面的了解，确定几个共同的分析项目。

②职责分析。职责分析是指标要素拟定的基础。通过对不同岗位的工作职责分析，确定其通用的工作内容和工作职责，为确定指标提供支持和根据。

③框架设计。根据职责分析的内容，确定指标的大类，主要包括硬指标和软指标。硬指标主要是指通过财务数据进行量化的指标，软指标即非财务数据，是一些主观性的或以定性描述为标准的指标。

④指标的提取。指标的提取依据主要是职责分析的内容和通过框架设计确定的硬指标和软指标，采用的方法通常是穷举法、头脑风暴法、问卷调查法及访谈法等。

（2）指标要素拟定的方法。常用的指标要素拟定方法是鱼骨图分析法，它是一种透过现象看本质的分析方法。而鱼骨图指标要素拟定法指的就是借助鱼骨图进行共同分析项目的分解，依次分解成各子指标及更为具体的指标。用鱼骨图法进行指标要素拟定的示例具体如图 1-1 所示。

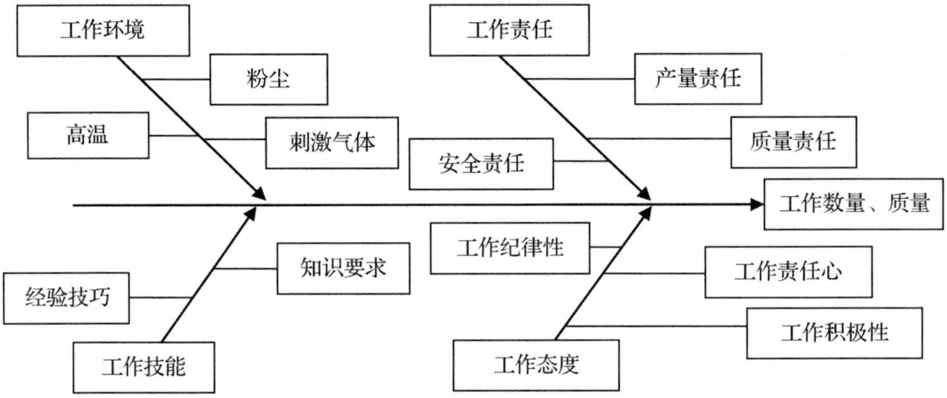

图 1-1　用鱼骨图法进行指标要素拟定的示例

2. 指标范围的选择

工作分析指标范围的选择一般从以下 3 个方面进行。

（1）业绩指标范围。工作业绩就是工作行为产生的结果，主要包括工作的数量、工作的质量及成本费用 3 个方面。

工作的数量是指所完成工作的总量及按期完成的程度；工作的质量是指完成工作的细致程度、准确程度及工作效率；成本费用是指完成工作花费的时间、财、物的总量。工作业绩指标具体体现为工作数量指标、工作质量指标及成本费用指标。

（2）能力指标范围。工作能力指标，一方面可以明确岗位所需要的能力，另一方面可以引导员工不断提高自身的工作能力，能够与现在的岗位所匹配并向更高层的岗位努力。工作能力一般包括体能、智能及技能，即工作能力指标可以体现为体能指标、智能指标及技能指标。

体能是指个人的健康状况，它取决于年龄、性别及个人的饮食和锻炼等多方面因素。企业一般在员工入职时，都会要求员工进行入职体检，在日常工作中也会进行定期或不定期的体检，以确保员工的体能能够满足现在的工作需求。

智能是指人认识客观事物获得知识、运用知识及改造创新的能力，如员工在组织中表现出来的分析能力、记忆能力、理解能力、判断能力、运用能力和创新能力等。智能会随着人对事物认识的加深而发生变化，表现在人获取和运用知识解决实际问题的速度与质量上。

技能是通过学习并坚持练习掌握的技巧，主要体现为一个人解决问题的能力、沟通能力、专业能力、表达能力、组织能力等。

（3）行为指标范围。行为指标是各部门及各级员工在一定时间、一定空间和一定职责范围内关键工作行为履行状况的量化指标，是对各部门和各级员工工作行为管理的集中体现。这类指标主要侧重于对员工工作过程的记录，包括员工工作中的工作方式和工作行为。

3. 指标标度的划分

指标标度的划分归纳起来，有以下几种方法。

（1）习惯划分法。习惯划分法，是指依据工作分析中人们对分析对象不同的心理习惯而划定标准等级的一种方法，常见的等级一般是 3~9 级。等级过少便于工作分析人员操作，但分析对象差异区分不明显且评判结果相对集中；等级过多可以展示不同对象的差异，评判结果相对分散，但增加了工作分析人员的操作难度。

（2）两级划分法。两级划分法，是根据分析对象在每个标度上做正反两种极端的表征，把每个指标划分为 2~3 个等级。这种划分法便于操作，但中间状态不好评判，因此又有人在两级划分基础上增设中间一档，成为 3 级标度。

（3）统计划分法。统计划分法，是指指标标度的划分并不是事先主观规定的，而是根据分析对象在每个标度上的实际表现进行统计，从而确定等级的一种方法。

（4）随意标度法。随意标度法，是指在每个指标内容中，指标标度是对分析对象最佳状态或最优水平的描述，此标度实际上是一种最高级的指标特征表述，工作分析人员可以根据分析对象与这一标度的差异程度给予不同的分数或等级。

4. 指标修改与调整

为了使选择确定后的指标体系更加趋于合理，还应对其进行必要的修改和调整。指标的修改和调整主要分为以下 2 种：一种是正式建立指标体系前的修改调整，通过进一步调查分析，将所确定的指标体系提交上级、专家会议讨论，征求相关主管人员和专家的意见，修改、补充、完善指标体系；另一种是指标体系建立后的修改调整，根据指标体系在应用过程中发现的问题，经过认真比较和分析，对指标体系进行必要的修改，使指标体系更加充实和完善。

三、工作分析的原则

工作分析作为人力资源管理的基础性工作，它的好坏将直接影响人力资源管理其他工作的效果。因此，开展工作分析必须科学合理，并遵循以下原则。

（一）系统原则

在对某一工作进行分析时，要注意该工作与其他工作的关系以及该工作在整个组织中所处的地位，从总体上把握该工作的特征及其对人员的要求。

（二）动态原则

工作分析的结果并不是一成不变的，要根据战略意图、环境变化、业务调整，经常性地对工作分析的结果进行调整。

（三）目的原则

1. 在工作分析中，要明确工作分析的目的。
2. 工作分析的目的不同，其侧重点也不同。
3. 在工作分析中，要根据工作分析的目的，确定工作分析的侧重点。

（四）能级原则

1. 一个岗位能级的高低是由它在组织中的工作性质、任务繁简难易程度、承担责任大小、劳动强度等因素决定的。

2. 能级代表岗位在组织中的相对价值。岗位的功能越大，其能级就越高，其在组织中的相对价值就越大。

（五）经济原则

工作分析本着经济原则，根据工作分析的目的，采用合理的方法。

（六）标准化原则

在工作分析中坚持标准化原则，不仅意味着工作分析的内容、方法、程序、因素、指标的标准化，还要求在工作分析基础上形成的人事管理文件也要标准化。

（七）最优化原则

最优化原则不但是指工作分析方法、程序的最优化，而且要求通过工作分析，使岗位设置、岗位职责的分配最优化，实现组织资源的最优化配置。

（八）岗位原则

工作分析应从岗位出发，分析岗位的内容、性质、关系、环境以及人员胜任特征，即完成这个岗位工作的从业人员需具备什么样的资格与条件，而不是分析在岗的人员。

（九）应用原则

应用原则是指工作分析的结果要用于组织管理的相关方面。工作分析一旦形成工作说明书后，管理者应该把它应用于企业管理的各个方面。

四、工作分析的术语

工作分析中涉及很多专业术语，如果不能对各个术语加以区分，就会造成术语的混用，影响工作分析的成效。工作分析中经常涉及的术语包括工作要素、任务、职责、职权、岗位、职务、工作、职业、职系、职组、职级、职等。

（一）工作要素

工作要素是工作中不能再继续分解的最小动作单位，如操作工人拿起钳子。

（二）任务

任务是指为了达到某种目的所从事的一系列活动，它由一个或多个工作要素组成。例如，招聘专员为了完成招聘员工的任务，需要对组织中的招聘需求进行分析，明确岗位职责和岗位规范，发布招聘信息，收集和筛选应聘材料，组织选拔过程，录用合格人员。

（三）职责

职责是指在特定的工作岗位上所承担的某类工作任务的集合。它可以由一个或多个任务组成。例如，招聘专员的一项职责是负责应届大学毕业生的招聘，它至少包括以下 3 项任务：

1. 分析各部门对应届大学毕业生的需求，制订应届大学毕业生招聘计划。
2. 组织实施应届大学毕业生的招聘工作。
3. 办理应届大学毕业生接收手续等。

（四）职权

职权是指职务范围以内的权力。职权与职责紧密相关。如质检员对产品质量的检查，既是质检员的职责，也是他的职权。

（五）岗位

岗位即职位，如总经理、出纳、培训主管等，是组织要求个体完成的一项或多项任务以及为此赋予个体权力的总和。岗位的数量是有限的，岗位的数量又被称为编制。岗位与个体是一一匹配的，也就是有多少岗位就有多少人，两者的数量相等。

应注意的是，岗位是以“事情”为中心确定的，强调的是任职者所担任的岗位，而不是担任这个岗位的人。

（六）职务

职务是按规定担任的工作或为实现某一目的而从事的明确的工作行为，由一组主要职责相似的岗位所组成。例如销售人员的职务中可能有从事各种不同营销工作的人，但他们的主要工作责任是相似的，因此可以归于同样的职务。

（七）工作

工作是指由一系列相互联系、职能类似或所需水平相似的任务所组成的工作岗位。一个工作对应一项职责或多项职责。例如，人力资源工作对应人力资源规划、招聘、培训、绩效考核、薪酬、员工关系等多项工作职责。

（八）职业

职业由不同时间内不同组织中的相似工作组成。例如，秘书工作在不同的组织中需要类似的技能和责任，因此秘书可以被当作一种职业。

（九）职系

职系由两个或两个以上有相似特点的工作组成，是职责繁简难易、责任大小及所需资格条件不同但工作性质充分相似的所有岗位的集合。例如，人力资源助理、人力资源专员、人力资源经理、人力资源总监就是一个职系。

（十）职组

工作性质相近的若干职系组合成为职组。例如，小学教师、中学教师、大学教师就组成了教师这一职组。

（十一）职级

职级是指将工作内容、难易程度、责任大小等资格和条件都很相似的岗位划为同一等级，实行同样的管理。

（十二）职等

工作性质不同或主要职务不同，但其难易程度、责任大小、工作所需资格等条件充分相同的职级为同一职等。

图 1-2 展示了工作要素、任务、职责、职权、岗位、职务、工作、职业、职系、职组、职级、职等之间的关系。

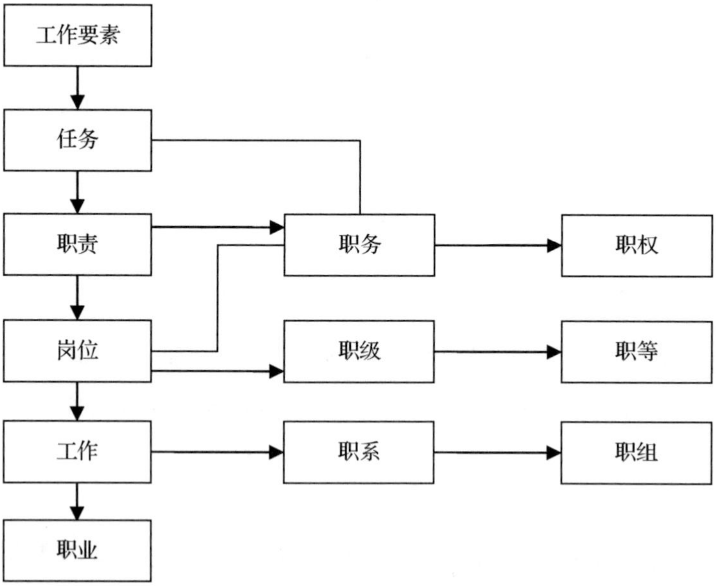

图 1-2　工作分析的基本术语及其关系

第二节　工作分析的作用与发展

一、工作分析的作用

工作分析是人力资源管理的一项基础性工作，对于组织人力资源的规范化管理具有重要意义，其主要表现在以下 5 个方面。

（一）明确工作职责

通过工作分析，可以明确界定岗位的职责和权限，消除岗位之间在职责上的相互重叠，从而尽可能地避免由于岗位边界不清导致的扯皮推诿，并且防止岗位之间的职责真空，使组织的每一项工作都能够得以落实，也有利于根据岗位的职责来确定或者调整组织的授权与权力分配体系，从而在岗位层面上实现权责一致。

（二）提高流程效率

通过工作分析，可以理顺岗位与其流程上下游环节的关系，明确岗位在流程中的角色和权限，消除由于岗位设置或者岗位界定的原因所导致的流程不畅、效率低下等问题。

（三）提高工作设计的合理性

理想的工作设计既要保证较高的工作效率，也要调动员工的工作积极性。对此，就需要对工作岗位的相互联系、所需工作技能等多方面因素进行分析，寻找其潜在的联系，以达到在提高员工工作积极性的同时，工作效率也有所提高的目的。

（四）为组织职能的实现奠定基础

在工作分析过程中，人力资源管理人员能够充分地了解组织经营的各个重要业务环节和业务流程，实现组织结构优化与岗位体系的再设计，从而有效地支持组织战略的实现。

（五）为各项人事决策提供依据

工作分析的结果，为组织在选人、用人、育人、留人等方面都提供了客观依据。

1. 提高招聘工作的效率

高效的招聘能够帮助组织尽快吸引合格的应聘者，降低招聘成本，节约组织资源。要实现高效的招聘，组织必须通过工作分析这一环节来确定相关岗位的任职资格条件等方面的信息，为组织的招聘与选拔提供客观依据，避免面试和评估的盲目性。

2. 有助于明确培训的内容和目标

组织实施培训，主要应围绕员工工作中所需要的知识、技能、能力等方面展开，培训的主要目的是提高员工的工作技能，进而提高其工作效率和组织绩效。根据工作分析的结果编制出工作说明书，明确胜任该岗位所需的能力、技能要求等，组织可据此并结合员工自身特点、对其进行的阶段性考核结果等，设计出有效的人员培训和开发方案。

3. 为职业生涯发展管理工作提供参考

通过工作分析，寻找适合员工发展的方法和途径，从而尽力为员工提供有吸引力的工作，提高员工的工作兴趣，为组织创造更多的产出。

4. 提高绩效考核的公平性

工作分析可以提供在不同时期下各个工作岗位的工作任务、工作职责的相关信息，管理人员可以依据这些信息确定各工作岗位的绩效标准并对员工进行评估、考核。这样做减少了主观因素的干扰，使绩效考核更为客观、公正。

5. 作为薪酬体系的设计基础

工作分析通过了解具体岗位的工作内容、工作所需的知识、技巧与能力等因素确定该项工作对组织的价值和重要性，是组织核定薪酬、设计薪酬体系的主要依据。

二、工作分析的发展

（一）工作分析的早期发展

系统的工作分析最早出现在19世纪末至20世纪初，作为一项管理工具，它是在美国工程师泰勒（Taylor）进行科学管理研究的基础上发展而来的。

在1911年出版的《科学管理原理》一书中，泰勒表示要对企业进行科学的管理，就必须对企业中的每一份工作进行研究，从而科学地挑选、培训员工。泰勒协会成立以后曾正式提出科学管理的13项目标，其中第7项就是“用科学方法对工作进行分析，对工人进行选择、训练、安排、调动和提升，保证每个人能最充分地发挥其能力”。

1946年，美国劳工部针对工作分析过程的信息收集问题，提出了一个简单而完整的工作分析模式作为工作分析的指导。这个工作分析指导包括任职者做什么，任职者是如何做的，为什么任职者做这些工作，完成工作任务所需的技能是什么。

（二）工作分析的近期发展

工作分析系统的研究开发始于二十世纪四五十年代，在二十世纪七八十年代趋于成熟，获得了广泛应用。最常见的工作分析系统方法主要有工作分析问卷、任务清单分析系统、关键事件分析技术、能力需求分析系统、行为一致性分析方法、职能工作分析方法、管理人员职务描述问卷、海氏计划、临界特质分析系统等。

（三）工作分析在中国的发展

我国的工作分析起源于人事心理学的研究。1916年，清华大学为了指导学生选择职业，在学校开展职业指导。1921年，中华职业教育社采用自制的职业心理测验对入学学生进行测验。

从我国企业管理的实际情况来看，纺织企业开展工作分析的历史较长，效果也很显著。纺织企业开展工作分析是从推行岗位工资制开始的，而建立岗位工资制的前提是工作分析与评价。

1984—1985 年，为了探索干部素质和工作绩效的科学评定方法，心理学家在杭州开展了有关企业管理干部职务分析和测评的研究，这些研究明确了企业各级管理者的职责，初步确定了任职者所应具备的心理素质、知识和能力水平等条件。

随着时代的发展，组织对工作分析工作越来越重视，不断吸收国外的先进经验，将国外的工作分析方法应用于我国的工作分析实践，极大地推进了工作分析在我国的发展。

第三节　工作分析的结果与表现形式

一、工作描述

工作描述必须反映该项工作区别于其他工作的信息，说明有关工作是什么、为什么做、怎样做以及在哪里做等。

工作描述是针对工作的，应以工作性质、工作内容为基础进行有侧重的描写，如某一职位所需要的技能、所承担的责任、工作性质等。

二、工作规范

工作规范又称岗位规范或任职资格，指胜任该职务的人员在教育水平、工作经验等方面应具备的资格和条件。

工作规范的内容主要包括 5 个方面，它为组织内部人员的招聘与选拔、人员录用、培训与开发等决策提供重要的依据。

（一）内容说明

一般来讲，工作说明中的“工作规范”，主要是对以下 5 个方面进行细化说明。

1. 知识要求

知识要求指胜任本岗位的任职者应具备的知识和水平，主要可以细分为5个方面。

（1）教育背景：从事该岗位需具备的最低学历要求。

（2）技能水平：从事该岗位应具备的基本技能和能力。

（3）专业知识：从事该岗位应该具备的业务知识。

（4）外语水平。

（5）其他相关的业务知识。

2. 工作经验

工作经验是从业者在本职工作中积累的工作方法和解决问题的能力。

3. 能力要求

能力要求指胜任本岗位工作应具备的各种能力素质。

4. 身体状况

身体状况又可细分为以下两个方面。

（1）身体素质：包括身高、体重、身体健康状况等。

（2）心理素质：包括信心、意志力、韧性等。

5. 个性特质要求

个性特质要求如性别、年龄以及性格特征等。

上述内容可以用一张表很清晰地呈现出来，详见表1-1。

表1-1　员工任职资格分析表

身体素质	健康状况	□优　□良好　□一般　□较差
	有无过往病史（包括家人）	□有，请注明　□没有
	能否在高压力的状态下工作	□可以　□不能
知识技能水平	外语水平	
	计算机水平	
	有无取得相关证书	
	特长	

续表

教育及培训	教育水平	□硕士及以上 □本科 □大专 □高中
	是否参加过相关的培训	□是（请注明）
		□否
工作经验	□否	
	□有，请详细注明	
能力要求	□领导能力 □沟通能力 □计划能力 □创新能力	
个性特质	血型	□A □B □AB □O
	性格	□外向 □内向 □中性
	爱好	

课程实训

请设计一则针对“办公室秘书”这一岗位的工作规范。

实训指导：

结合本节的内容，工作规范需根据收集和整理的信息，对该岗位任职者的知识要求、工作经验、工作能力、技能、个性特质要求做出清晰的说明，这部分内容为组织的招聘、培训等工作提供了依据和参考。下文提供了一则具体的示例，仅供读者参考。

工作规范描述

岗位名称	办公室秘书	岗位编号	
所属部门		直接上级	

一、知识要求

1. 学历要求：全日制专科以上学历。

2. 专业知识：文秘、行政管理相关专业。

3. 业务知识

（1）掌握行政管理、文档管理及公关礼仪相关专业知识。

（2）了解办公室相关工作流程和内容。

4. 基础知识：熟悉公文写作知识、档案管理知识以及办公自动化知识，了解公共关系管理知识。

二、经验要求

1. 工作经验：1 年以上文秘或行政管理相关工作经验。

续表

2. 培训经历：接受过专业机构或企业针对公文或文案写作能力的培训。 三、能力要求 1. 基础能力：能够熟练使用 Office 系列软件，了解 Photoshop 软件的基本运用。 2. 通用能力：具有极强的执行能力、沟通能力以及较强的组织协调能力、问题分析与解决能力、应变能力、信息管理能力。 四、技能要求 1. 上岗技能：具有秘书资格证书。 2. 业务技能：具有公文和文案写作能力、文档管理能力、行政事务处理能力、会议组织能力。 五、个性特质要求 1. 身体状况：健康，无不良嗜好。 2. 年龄：________岁以内。 3. 身高：160 厘米及以上。

（二）编制要求

编制工作规范需掌握 4 个要求，具体内容如下。

1. 客观性

根据岗位制定岗位规范，要因岗而异，不要因人而异，即什么岗位，担任什么职务的员工，应具备什么素质，就应相应地制定什么岗位的规范。

2. 实用性

根据设备技术质量的高低和产品的数量、质量要求，规定员工掌握操作规程应具备的文化、技术基础知识和实际操作技能以及安全生产要求，紧密结合生产实际，为生产服务。

3. 科学性

岗位规范要建立在现代科学技术和现代企业管理上，把已应用或近期即将应用的新设备、新工艺、新技术、新材料列入岗位规范，但不要把长远规划放在现阶段的要求中。

4. 层次性

要按企业劳动力结构的不同层次制定出不同的岗位规范。

任职资格标准的设计不是一劳永逸的，不能一成不变，需要定期测试、评估，发现问题、适时调整，并且要随着组织发展阶段和员工发展变化而调整。

三、工作说明书

工作说明书是对组织各类工作岗位的工作性质、任务、责任、权限、工作内容与方法、工作应用实例、工作条件与工作环境以及人员资格条件等所做的统一要求。换言之，工作说明书的内容包括工作描述和资格说明书，是融二者为一体的工作分析结果。

工作说明书在编写时，应按照以下要求进行。

1. 准确选择工作说明书的格式，可以采用叙述形式，也可以采用表格形式。

2. 界定岗位，必须指明工作范围和性质。

3. 选用专业的词汇来表示，比如分析、搜集、分解、监督等。

4. 使用规范文字填写，字迹要清晰。

5. 使用正确的表述方式

（1）使用简明、直接的语言。

（2）每个句子应该以动词开头。

（3）每个句子必须反映出一定目的，使用让读者一目了然的表达方式。

（4）省略不必要的词语。

6. 使用统一的格式，注意整体的协调，做到美观大方。

7. 多层次、多角度地审核把关，邀请企业管理层、人力资源管理部门、部门经理、员工代表、外聘专家等共同审核把关。

本章自测题

1. 简述工作分析的内容。

2. 实施工作分析，需遵循哪些原则？

3. 对工作要素、任务、职责这三个术语进行解释。

4. 工作分析的结果是什么？以什么形式呈现？

5. 简述工作分析在人力资源管理中的作用。

第二章　工作分析的组织与实施

学习目标

➢明确工作分析的实施时机
➢知晓工作分析在实施过程中需注意的问题
➢了解工作分析小组人员的构成
➢明确工作分析实施的各个阶段的工作任务
➢明确进行工作分析所需收集的信息
➢掌握工作信息确认的重点

引导案例

琳达2个月前刚进入这家民营企业，担任人力资源部经理一职。进入公司的这段时间，她发现该企业的管理有些混乱，如岗位职责不清、工作流程不合理等。于是，她向总经理建议在内部开展一次工作分析，重新划分岗位职责，梳理工作流程。

企业总经理很支持琳达的做法，并积极配合她的工作。可令琳达没有想到的是，她领导的工作分析小组在开始筹备阶段，就遭到了员工的一致反对。“我每天工作任务这么重，哪有时间做什么工作分析?”“哼，估计又是要给我们增加工作任务!”为何会这样?琳达从部门员工反馈的情况中得知，之前公司做过工作分析，做完工作分析之后，删减了部分岗位，并且对员工的工作任务都进行了调整，几乎每个员工都觉得自己的工作量增加了。

不难看出，若以现在这种状况做工作分析，员工的表现一定会是这样的：一是对工作分析工作不配合，抵触情绪强烈；二是提供的信息与实际有较大的出入，会存在一定的水分。

如果你是琳达，你会从哪些方面入手，来有序推进工作分析活动?

第一节　工作分析组织实施概述

一、工作分析的时机

组织若要进行工作分析，应在什么情况下才显得合理和必要呢?一般来讲，出现以下几种情况时，组织需要进行工作分析。

(一) 新成立或没有进行过工作分析的组织

对于新成立或没有进行过工作分析的组织要进行工作分析，这样可以为后续的人力资源管理工作打下良好的基础。

(二) 岗位有变动

当岗位的工作内容等因素有所变动时，应该对该岗位的变动部分重新进行工作分析，以保证工作分析成果的有效性和准确性。要注意的是，在岗位变动时，往往并不是一个岗位发生改变，而是与之相关联的其他岗位也会发生相应的变化。

（三）组织发展的关键时期或变革时期

当组织发展处于关键或变革时期，也就是说，在出现以下情况时需要进行系统的工作分析：新的岗位出现，新的工作任务产生，工作再设计或合并、拆分，组织和工作流程发生变更，新的部门成立，战略规划调整等。

二、实施中需注意的问题

在工作分析的实施过程中，工作分析人员至少需注意以下两个方面的问题。

（一）选择恰当的分析方法

让参加工作分析活动的有关人员初步了解工作分析过程中可能会使用到的方法，以及各种工作分析方法正确的操作要点和注意事项，可以使各类人员明白自己要如何配合工作分析工作，如何分析相关资料和信息，最终使工作分析方法的运用更加有效。

（二）做好过程控制

在工作分析实施过程中，工作分析人员需要从以下四个方面做好活动过程的控制工作，包括消除员工戒备心理、采取适当分析程序、合理安排工作时间、选择员工参与方式等。

1. 消除员工戒备心理

由于在工作中可能需要被别人观察，员工往往会产生一些不安的情绪。工作分析人员应该提前向员工介绍工作分析对于开展工作的意义、对于管理工作的好处，以澄清他们对工作分析的认识，消除内心的顾虑和压力，争取广大员工在实际信息收集和工作分析过程中的支持和配合。

2. 采取适当分析程序

工作分析人员在正式执行工作分析时，应该采取适合工作分析小组人员能力构成和组织实际情况的分析程序，并把工作分析的具体步骤告诉参与的员工，使所有人员能够积极配合，最终使工作分析活动得以协调、顺利进行。

3. 合理安排工作时间

工作分析人员要明确工作分析活动大致需要多长时间，大概的时间进度是怎样的。工作分析活动时间安排的合理化和清晰化，可以使工作人员明确自己在什么时间做什么工作，便于事先做好规划，并留出足够的时间配合和支持工作分析活动。

4. 选择员工参与方式

工作分析人员在进行工作分析时，很容易与一些员工产生隔阂和矛盾。在这种情况下，工作分析人员应该确认如何参与分析活动，遇到问题找谁帮助和解决，以减少工作阻力，使得工作分析活动能够顺利进行。

第二节　工作分析的准备阶段

一、明确工作分析目的

确定工作分析目标是工作分析过程的首要环节。

在进行岗位分析之前，首先要明确岗位分析的目的、主要解决什么问题、有什么作用、对哪些岗位进行分析、需要收集哪些信息以及如何收集这些信息等。只有在工作分析目标明确后，才能确定工作分析的范围、对象和内容，才能规定工作分析的方式、方法，才能明确资料收集的范围、内容和方法。

岗位分析的目的不同，决定了分析的侧重点也不同。表 2-1 列出了二者之间的关系。

表 2-1　　岗位分析的目的与岗位分析侧重点关系一览表

目的	侧重点
组织结构设计、岗位设计	明确岗位职责、工作权限、沟通关系 岗位在工作流程与组织战略体系中的定位

续表

目的	侧重点
因岗位空缺而进行招聘	岗位任职资格及职责
培训和开发	工作职责、岗位任职资格
绩效考核	明确完成工作任务的标准
薪酬设计	除定性的工作描述外，还需要用定量的方法对岗位进行评估，确定岗位的相对价值

二、确定分析内容与方法

（一）确定工作分析的内容

工作分析的内容取决于岗位分析的目的和用途，而不同的组织都有其特点及急需解决的问题，因此，组织进行工作分析的侧重点会有所不同，那么工作分析的内容也会存在差异。

（二）确定工作分析的方法

常用的工作分析方法有访谈法、观察法、问卷调查法、关键事件法、工作日志法、职位分析问卷法等。

组织在选择工作分析方法时，关键是要考虑工作分析方法和目的的匹配性、成本可行性以及该方法对所研究工作的适用性。一般来说，工作分析方法的选择需要考虑 5 个因素，包括目的、成本、工作性质、待分析的工作样本量以及分析客体。

1. 目的

选择与工作分析目的相匹配的分析方法既可以节约成本，又能提高效率。例如，以培训和绩效评估为目的的工作分析可选用关键事件法，而职位分析问卷法则适用于以人力资源调查和薪酬调查为目的的工作分析。

2. 成本

工作分析方法所要求的时间和精力的消耗不同，由此消耗的成本也不一样，组织应根据自身的能力和条件选择经济实用的方法。例如，成本较低的方法有资料分析法、问卷调查法、工作日志法等，而访谈法和关键事件法一般都需要花费大量的时间和精力，成本较高。

3. 工作性质

组织机构和技术对工作分析方法的选择有一定程度的影响。不同的工作其复杂程度、技术水平及其周期长短各不相同，工作分析方法也有差异。例如，观察法适用于工作简单、技术水平不高和周期较短的工作，而相反的情况可以选用访谈法、工作日志法等。

4. 待分析的工作样本量

如果工作样本数量较多，可选用问卷调查法。样本数量少的，可选用访谈法等。

5. 分析客体

工作分析的客体能否理解并接受所选用的工作分析方法是让其参与方法选择的要点。因此，组织应该对于不同层次的客体采用不同的工作分析方法。例如，对于一般员工可选用问卷调查法、工作日志法，对于高层的管理者则应选择职位分析问卷法和访谈法等。

工作分析的方法各有利弊，组织自身很多方面都会对其有影响作用。工作分析人员应该在实践中综合权衡和考虑影响工作分析的诸多因素，实现多种分析方法的有机结合，真正发挥工作分析在人力资源管理中的基础性作用。

三、确定整体工作安排

开展一次工作分析的活动，需要企业各个方面的配合和收集大量的相关信息，事先制订一个较完整的方案，用以确定整体工作安排，这将有助于工作分析以后的工作顺利展开。其总体实施方案主要内容包括以下 7 个方面。

（一）明确工作分析的总目标、总任务及意义

明确工作分析的总目标、总任务及意义，有助于从整体上把握工作

分析的方向，明确工作任务的重点，做到有的放矢。

（二）工作分析的实施步骤及时间安排

工作分析是一项系统化的工作且涉及人员较多，岗位分析实施者应事先安排好各项工作的进程及时间，以免与其他工作因人员、时间、地点等因素发生冲突，从而影响工作分析工作的顺利开展。

（三）明确工作分析的小组成员构成

工作分析小组一般由人力资源部工作人员、部门经理、企业高层领导组成，必要时还可以请外部专家。确定成员后，还应明确各自的工作职责和工作权限，以保证工作分析工作有序而顺利地进行。

（四）工作分析所需收集的信息

工作分析需要收集哪些信息，应围绕工作分析的目的而展开。工作分析的目的不同，工作分析任务的侧重点也会不同。工作分析的目的确定了工作分析的方向及任务，在此基础上确定需要收集的信息，可以避免收集到不必要的信息而造成资源的浪费。

（五）收集和分析有关的背景资料

进行工作分析所需的信息和资料，有一部分是企业可能已经存在的而不必要花费额外的时间再进行实地收集。这些背景资料主要包括企业组织结构图、工作流程图、岗位说明书等。

（六）收集信息的方法和渠道

收集信息的方法有很多种，不同的方法有各自的特点。在选择收集信息方法时，要考虑到工作分析的目的、所分析岗位的特点、企业的客观条件等因素。选择合适、有效的信息收集方法可以加快信息收集的进程，节省大量的时间。

（七）工作分析的成果

工作分析的直接成果是形成各个岗位的岗位说明书，它可以作为招聘、培训、考核、薪酬制定等工作的依据和标准。

四、组建工作分析小组

工作分析由于涉及面较大、内容较多且需要专门的技术支持，所以在组织开展工作分析活动之前要先组建工作分析小组。

（一）岗位分析团队类型

岗位分析团队的类型包括需求部门主导型、人力资源部门主导型和专业咨询机构主导型，具体内容见表 2-2。

表 2-2　　岗位分析团队类型

团队类型	内容说明
需求部门主导型	岗位分析工作由需求部门主导，人力资源部门给予专业上的支持和配合。如果需求部门的工作属于企业的核心业务，可以在必要时邀请外部专家参与
人力资源部门主导型	岗位分析工作由人力资源部门主导，其他部门配合，人力资源部可以根据自身的工作经验和人员配备情况，考虑是否邀请外部专家
专业咨询机构主导型	岗位分析工作由外部专业咨询机构主导，人力资源部配合咨询机构展开工作。结合专业咨询机构对企业业务了解和熟悉的程度，人力资源部可以邀请企业内部管理者或骨干员工参与

组建符合组织实际需要的岗位分析团队不仅能够确保工作的顺利开展，也能保证岗位分析所取得的成果与预期相符。因此，组织开展岗位分析时，需要对影响团队组建的因素进行评估。一般来讲，影响岗位分析团队类型选择的因素主要包括表 2-3 所列的 3 项内容。

表 2-3　　影响岗位分析团队类型选择的因素

影响因素	相关说明
人力资源管理者的经验与技能	如果组织的人力资源管理者具备丰富的经验和足够的技能，完全可以选用以人力资源部主导型的团队来开展岗位分析这一项工作

续表

影响因素	相关说明	
岗位分析工作的具体要求	单一目标	局部岗位：可以选择需求部门主导型； 全部岗位：可以选择人力资源部门主导型的团队
	多目标	局部岗位：可以选择人力资源部门主导型的团队； 全部岗位：在人力资源部门主导型和专业咨询机构主导型之间选择
企业特征和要求	企业人员规模	如果组织人员规模较大、业务流程复杂，则适宜在人力资源部门主导型和专业咨询机构主导型之间选择；反之，则可在人力资源部门主导型和需求部门主导型团队之间选择
	企业环境氛围	如果组织经营状况好、工作氛围融洽，说明其他部门的配合度会比较高，那么，人力资源部门或岗位分析需求部门就可以主导完成岗位分析工作；反之，则可以考虑选择专业咨询机构主导型团队
	企业成本要求	如果组织对岗位分析工作有节省成本方面的要求，则不宜选择专业咨询机构主导型团队

（二）工作分析小组的主体人员构成

工作分析小组的主体人员构成通常包括三种类型，即岗位任职者的上级主管、工作分析专家和岗位任职者。

1. 岗位任职者的上级主管

岗位任职者的上级主管有很多机会观察任职者的工作，因而能够提供较多的工作信息。直接上级主管作为收集信息的工作者，重要前提是应该清楚地知道其下属做了些什么，对下属工作表现有明确的判断标准。岗位任职者的上级主管收集信息的速度较快，但信息的客观性却难以保证，可能会带有一定的主观色彩。

2. 工作分析专家

工作分析专家可以来自于组织内部，如人力资源部门或业务部门的工作人员，也可以是从组织外部聘请的专业工作分析专家。工作分析专家主要负责策划工作分析的方案和设计工作分析的相关工具，并为工作分析活动提供技术支持。

需要注意的是，组织若聘用外部的工作分析专家进行工作分析，其优点是能够提供较为客观公正的信息，不足之处是费用相对较高，且需要花费一定时间对企业进行了解。

3. 岗位任职者

岗位任职者是最了解其工作内容的人，可以提供关于岗位工作最为真实、可靠、详尽的信息，并且能够较详细地描述在实际工作中的操作规程和注意事项。

在工作分析过程中，除上述三类人员外，因工作的需要，还会有其他主体参与进来，各自的职责见表 2-4。

表 2-4　　工作分析各主体的职责

序号	主体	具体职责
1	岗位任职者	尽可能多地提供全面、详尽的岗位信息资料
2	部门领导	（1）动员本部门员工配合工作岗位信息调查工作 （2）协助人力资源部门编制本部门的工作说明书
3	组织高层领导	（1）发布相关政策 （2）动员全体员工配合人力资源部门的工作 （3）为工作分析活动的顺利进行铺平道路 （4）对工作分析的成果进行验收
4	人力资源部门 外部专家	（1）制定工作分析实施方案，并予以执行 （2）整体上掌控工作分析的实施情况 （3）设计相关工具，如调查表及其他表单 （4）提供技术支持 （5）对内部员工进行工作分析培训 （6）对其他部门进行协调与沟通 （7）获取组织高层领导的支持和配合 （8）岗位信息的收集、分析和整理 （9）编制工作说明书

工作分析小组成员的人数设置一定要适当，其具体人数应根据组织实际需求而定。通常情况下，影响工作分析小组成员人数的因素主要包括工作分析任务量的大小、工作分析时间的安排、工作分析小组成员自身素质的高低以及企业自身因素等。

第三节　工作分析的实施阶段

一、制订工作分析实施计划

在工作分析的准备阶段所制定的实施方案，只构建了一个大致的轮廓。在具体的实施过程中，还需进一步制订出更详细的实施计划。

这份计划应包括具体每一阶段的时间安排、工作任务、调查对象等内容。在实施过程中，可根据实际情况的变化作出相应的调整。

工作分析实施计划主要是对工作分析实施工作的整体安排进行细化的说明，可以用表格的形式呈现。表 2-5 提供了一则范例，供读者参考。

表 2-5　　工作分析实施计划

工作项目	管理阶段	具体工作说明	具体时间安排
明确公司组织结构，对公司各部门工作进行工作分析	准备阶段	分析公司组织结构图	___月___日—___月___日
	调查阶段	编制各种调查提纲和问卷	___月___日—___月___日
	分析阶段	收集有关工作的特征及需要的各种数据	___月___日—___月___日
	反馈运用阶段	对人力资源部制作的部门工作说明书进行讨论和定稿	___月___日—___月___日
对各岗位工作进行工作分析	准备阶段	确认工作分析方法	___月___日—___月___日
	调查阶段	分公司部门经理以上岗位调查	___月___日—___月___日
		普通岗位调查	___月___日—___月___日
	分析阶段	分公司部门经理以上岗位分析	___月___日—___月___日
		普通岗位分析	___月___日—___月___日
	编制说明阶段	编制工作说明书、工作描述等	___月___日—___月___日
工作分析结果管理	—	调整、修改、完善，对工作分析的结果进行跟踪，发现问题及时解决	___月___日—___月___日

二、培训分析人员

作为工作分析活动实施的主体，无论是外部工作分析专家还是组织内部的分析人员，在对一个组织进行实际的工作分析过程中都会存在这样或那样的问题。因此，组织实施工作分析的一个重要前提就是对工作分析人员进行培训。通过培训，可以使工作分析人员统一思想，就工作分析的程序、内容和最终的工作分析文件达成共识。

（一）培训的内容

由于不同分析人员进行工作分析的思路和方案存在一定差别以及工作分析小组成员构成的复杂性，因此工作分析人员的培训内容可以根据具体工作的实际情况进行选择。具体的培训内容大致可以分为以下 5 个方面。

1. 关于整个工作分析流程和安排方面的培训。
2. 关于对工作分析对象的背景知识的培训。
3. 关于工作分析理论知识的培训，此种培训主要针对组织内部工作分析专家而言。
4. 关于沟通技能和相应的观察、记录能力的培训。
5. 关于文字表达能力的培训等。

（二）培训后应具有的素质

通过以上相关培训，工作分析人员应该具备以下素质。

1. 熟知工作分析的相关知识。
2. 熟悉所要分析的工作，并能采取各种方法得到所需要的资料。
3. 具有分析、比较信息的能力和良好的语言表达能力。
4. 具有与专家、管理人员以及各类员工进行面谈的能力，并能够全面观察和记录与工作有关的资料和信息。

三、做好沟通工作

工作分析需具体深入到每个岗位中去，因此，分析人员需同大量的人员沟通，如岗位任职者、部门管理者等。他们是掌握大量岗位信息的人员，他们的配合与否，将直接影响到岗位说明书质量的高低及将来使用效果的好坏。

进行信息收集前，工作分析人员与相关人员进行沟通，需做到以下两点。

（一）让参与工作分析的相关人员明白岗位分析的意义及目的，消除他们的抗拒心理

特别是对于一些管理基础较薄弱的组织来说，大多对人力资源管理认识不深刻，更不知道工作分析是做什么的，会误以为是组织准备减员、找自己的过失等，增加了工作分析的难度，最终工作分析的效果将大打折扣。

（二）告知参与工作分析的相关人员有关实施的概况

让参与工作分析的人员大致地了解参与该项活动的程序，知道他们需要做哪些方面的工作及多长时间。

事先告知工作分析参与人员整个活动的安排及何时需要他们的积极配合，方便其事先安排好时间而不至于影响其正常的工作。

四、收集工作相关信息

进行工作分析，所需收集的信息大体包括以下 4 个方面，具体内容见表 2-6。

表 2-6　　工作分析所需收集的信息

项目	内容说明
工作活动	对工作任务的描述、工作的程序或步骤等
工作中所使用的机器、工具、设备	开展工作所需的机器、工具、设备；应用上述工具所带来的产出
工作条件	工作环境，是室内还是室外；对人的身体有无损害等
对员工的要求	所需的技能、教育和培训背景、工作经验要求等

上述信息又可划分为以下两大类，具体内容如下。

（一）已有的信息

在工作分析过程中，有些组织现有的资料对于工作分析活动非常重要。对工作分析具有参考价值的已有资料一般包括组织结构图、工作流程图、部门职能说明书以及工作说明书等。工作分析人员应该在执行工作分析的过程中及时收集和整理这些背景资料，为工作分析活动提供科学依据和参考价值。

1. 组织结构图

组织结构图是一种最常见的表现员工、职称和群体关系的规范化结构图。它既可在横向上描述各职能部门的主要职责，也能从纵向上反映各个岗位的上下属汇报关系。组织结构图示例如图 2-1 所示。

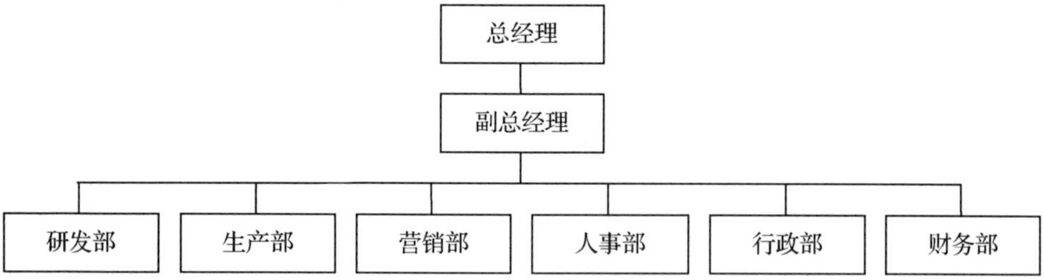

图 2-1　组织结构图示例

2. 工作流程图

工作流程设计是对投入转化为产出的一种动态关系的透视，相对于组织结构图而言，工作流程图提供了更为详尽的分析。工作调查分析流程图示例如图 2-2 所示。

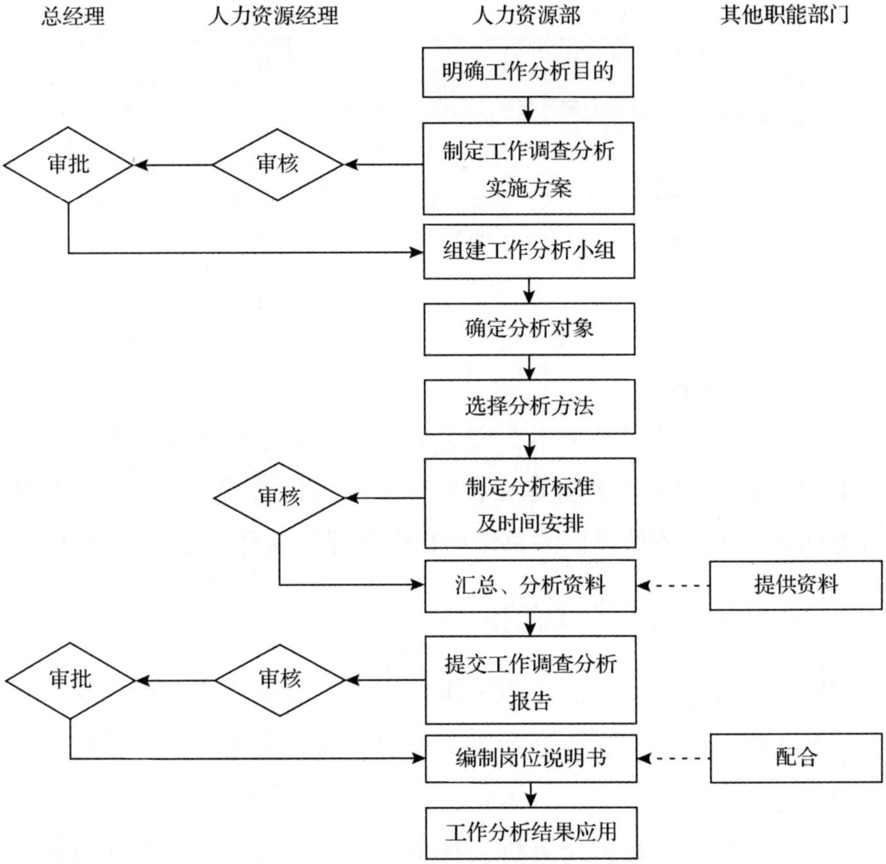

图 2-2　工作调查分析流程图示例

3. 部门职能说明书

部门职能说明书对部门的职能及职责进行了清晰的描述。工作分析可以通过部门职能说明书将各个职能具体分摊到每个岗位中去，具体内容的设置可繁可简。部门职能说明书示例见表 2-7。

表 2-7　　客服中心职能说明书示例

部门名称	客服中心	部门负责人	客服经理	直接上级	总经理
部门人员编制情况					
岗位设置			人数（单位：人）		
客服经理			1		
呼叫中心工作人员			2		
办事员			4		
部门职能概述	受理客户投诉，加强与客户的沟通，收集客户的意见并提出完善客户服务的建议				
部门具体职责	1. 做好售后服务工作，加强与客户的沟通与联系，及时了解客户的需求，并在合理的条件下尽快采取相应的措施 2. 受理客户投诉，及时记录、处理、解决投诉问题并存档管理 3. 定期收集客户反馈的意见，更好地完善企业的服务				

4. 工作说明书

工作分析人员可以参考组织现有的工作说明书来搜集工作信息。组织现有的工作说明书可能会存在相关信息不太完善或与现实工作描述不相符等问题，但其依然可以为工作分析提供部分具有参考价值的信息。

（二）其他与工作有关的信息

进行工作分析时，分析者还应注意与工作相关的有形的和无形的信息，诸如所需要的知识、所要加工的原料、所要生产的产品、所从事的服务内容等。

信息的收集工作是工作分析过程中的核心环节之一。工作分析人员在依照既定计划实施的同时，需注意不同性质的岗位应采取不同的方法展开信息的收集工作，同时将收集到的相关信息转化成书面文字，以便开展下一阶段工作。

五、信息分析与整理

工作分析人员应该按照既定的程序发放、回收问卷和相关表格，与有关工作人员进行面谈，有计划、分步骤地通过实地观察收集与工作有关的各种信息。同时，工作分析人员需要根据一定的标准对所有收集的资料信息进行分类、整理和分析，最终形成一个有条理的文件。

工作分析人员务必保证所收集信息的真实性和可靠性。一般来讲，工作分析人员对相关资料进行整理和分析，主要包括岗位名称分析、工作内容分析、工作环境分析以及工作任职者必备条件分析等。

第四节　工作分析的结果形成阶段

一、确认工作信息

工作分析小组成员通过各种渠道和方法收集到的相关信息，其真实性、准确性难以得到保证，因此必须对原始信息的真实性、准确性和时效性进行审核，对有疑问的信息进行再收集或剔除。下面列举了三种信息审核的方式。

（一）核对

根据信息来源从信息源头进行核对：对于直接获取的文字信息如有疑问，要与承载物核对；对于通过问卷调查、访谈等形式获取的信息如有疑问，要与岗位任职者及其直属上下级进行核对。

（二）比较

对于收集到的一些定量的数据信息如有疑问，可以和历史数据或其他同行企业的数据进行比较。

（三）引证

如对一些关键信息或核心数据有疑问，可以采用引证法证明信息的真实性和有效性，即通过所获取的一般信息和数据的正确，演绎出个别信息和数据的正确。

审核信息的人员可以是岗位的任职者及其直接上级主管，他们对该岗位最为熟悉，并且可以为以后工作说明书的使用奠定良好的基础。

二、形成工作说明书

在通过工作分析一系列活动获得信息的基础上，人力资源部组织工作说明书的编写工作。

在这一环节，工作分析人员应该注意以下 4 个方面的内容。

1. 工作分析人员应该对事不对人，应结合具体实际工作设计相关说明文件。

2. 工作分析人员应尽量全面、准确地掌握资料，避免主观武断。

3. 工作分析人员应根据经过分析处理的信息，草拟相关说明文件。

4. 工作分析人员应将草拟的相关说明文件与实际工作进行对比，并根据对比结果决定是否需要再次进行调查研究，修正已经草拟好的相关说明文件。

课程实训

结合本章的内容，请制定一则“工作分析实施方案”。

实训指导：

为了推动工作分析工作的顺利进行，工作分析小组应事先制定出完善的实施方案。工作分析实施方案需对实施背景、工作分析的目的、工作分析小组人员构成、实施流程等内容进行清晰的说明，以便对工作分析的实施提供有效的指导。

下文提供一则示例，仅供读者参考。

某公司是一家互联网金融公司，创业之初只有 6 名员工，经过全体员工的辛勤努力，公司现已发展成为一家集财富管理、信用风险评估与管理、信用数据整合服务于一体的综合性现代服务业企业。

随着公司不断发展壮大，也逐渐显现出一些问题：岗位职责界限模糊不清、工作流程不明晰等。为了改变这一现状，公司决定开展一次岗位分析工作。

（一）组织结构图

某互联网金融公司的组织结构图如下图所示。

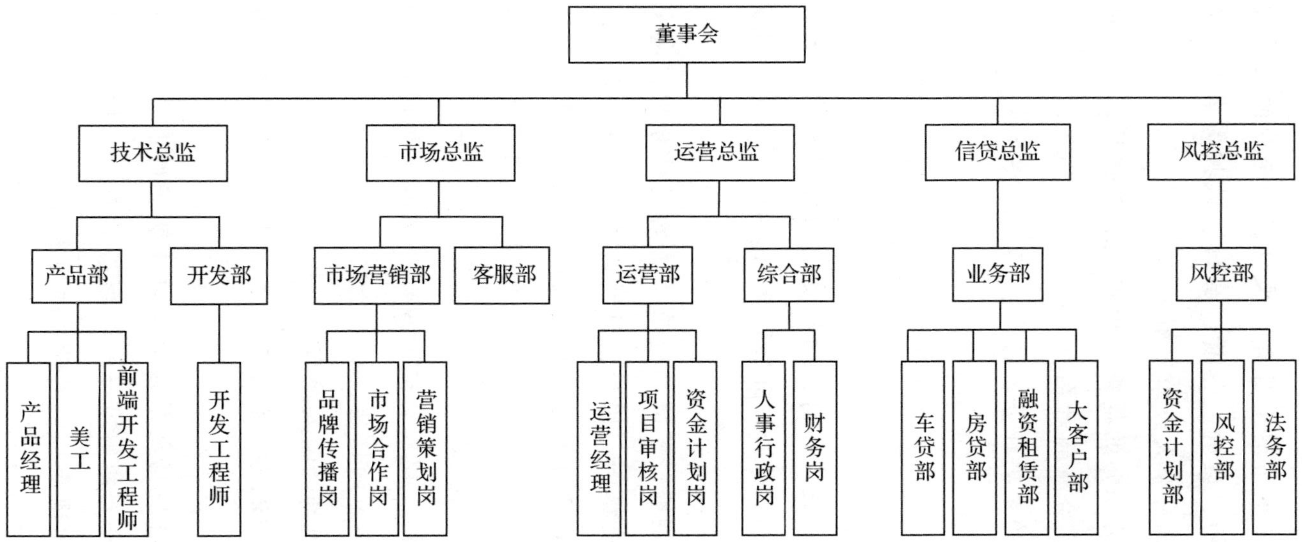

（二）岗位分析的步骤

步骤一：各类岗位信息的初步调查。

1. 浏览企业已有的各种管理制度文件，和企业的主要管理人员进行交谈，对研发、市场、运营、信贷、会计、风控等各岗位的主要任务、主要职责及工作流程有个大致的了解。

2. 准备一个较为粗略的提纲，确定几个关键的工作岗位和事件作为深入访谈和重点观察分析的对象。

3. 列出各岗位的主要任务、特点、职责、要求等。

步骤二：初步观察。

1. 对预先确定的关键或者不太熟悉的工作岗位任职者的工作状态进行观察。

2. 最好由熟悉相关工作岗位的人员或由任职人员的上级陪同参加现场观察，便于观察者了解工作岗位的情况，并可随时得到有效的咨询。

步骤三：深入访谈。

1. 根据初步的调查、了解和所应收集的岗位分析信息要求，确定较为详细的结构化访谈提纲。比如，针对风控经理这一岗位，可以提出这样的访谈问题：您平时的工作内容主要包括什么？您觉得风险控制的关键点和难点分别是哪些？您觉得胜任您现在的工作需要具备哪些条件？您平时主要和哪些部门接洽？

2. 可召集各部门关键人员进行座谈，深入了解产品设计、开发、项目风险监控等各个环节的信息。

步骤四：工作现场的深入观察。

1. 深入观察工作现场，主要是为了澄清、明确或进一步充实之前调查和访谈所获取的信息。

2. 深入观察工作现场之前，应拟订需明确的有关问题、信息，如想弄清信贷客服每人每天能够有多少在线咨询量，平均时长为多少，一般工作多长时间后会出现懈怠、不耐烦的现象等。

3. 深入观察不应仅仅停留在观察上，应与工作人员多交流，并不断咨询相关人员。

步骤五：岗位信息的综合处理。

这一阶段的工作较为复杂，需要投入大量的时间对材料进行分析和研究，必要时，还需要用到诸如计算机、统计分析等分析工具和手段。

步骤六：完成岗位说明书的撰写。

1. 召集整个岗位分析工作中所涉及的人员，并给每位分发一份岗位说明书初稿，讨论根据以上步骤所撰写的岗位说明书是否完整、准确。讨论要求仔细、认真，甚至每个词语都要认真斟酌。岗位分析专家应认真记下大家的意见。

2. 根据讨论的结果，最后确定一份详细、准确的岗位说明书。

（三）岗位说明书样例

根据核实后的信息，人力资源部展开对公司各岗位员工工作说明书的编写工作。工作说明书样例见下表。

风控经理岗位说明书

<table>
<tr><td>岗位名称</td><td>风控经理</td><td>岗位代码</td><td></td><td>所属部门</td><td>风控部</td></tr>
<tr><td>直接上级</td><td>风控总监</td><td>岗位等级</td><td></td><td>编制日期</td><td></td></tr>
<tr><td>职责概述</td><td colspan="5">认真贯彻落实公司的风控制度，加强风控部管理建设；督促风控专员落实融资担保风控方案；组织风控担保业务培训</td></tr>
<tr><td rowspan="6">岗位职责</td><td colspan="4">内容</td><td>负责程度</td></tr>
<tr><td colspan="4">1. 拟定风险管理流程和风险管理制度，设计风险管理岗位的工作指引和运作流程等</td><td>部分</td></tr>
<tr><td colspan="4">2. 负责定期对业务部门工作合规性的检查与管理，监控各类业务风险的分析及防范措施的制定，建立企业风险数据库和跟踪档案</td><td>全部</td></tr>
<tr><td colspan="4">3. 负责组织贷审会，主持融资项目的授信审批，管理信用风险及相关的操作风险</td><td>全部</td></tr>
<tr><td colspan="4">4. 负责组织事前风险审核、事中风险控制、事后风险检查，出具风险预警提示和风险评估报告</td><td>部分</td></tr>
<tr><td colspan="4">5. 对市场风险、信用风险、流动性风险等进行风险评估与监控，完成各类风控报告</td><td>全部</td></tr>
<tr><td>工作关系</td><td colspan="5">1. 企业内部：产品部、业务部、技术部门工作人员
2. 企业外部：监管部门、客户、业界同行有关人员</td></tr>
</table>

续表

岗位任职资格	1. 教育背景：本科及以上学历，金融、审计、财务、经济等相关专业 2. 工作经验：3年以上金融行业风险管理工作经验，精通或熟悉担保、融资租赁的风险预警、审核、防范、处置等业务操作 3. 其他要求 （1）熟悉国家信贷政策及相关法律法规，熟悉经济金融政策 （2）逻辑清晰、分析判断和风险识别能力强 （3）工作严谨、认真敬业，具备良好的团队合作精神及职业操守
工作环境	办公室

通过此次全面的工作分析，公司明确了各部门、各岗位的职责，有效解决了职责不清、任务不明晰、互相推诿的情况，同时也为公司未来的发展奠定了坚实的基础。

本章自测题

1. 出现哪些情况时，组织需开展工作分析？
2. 工作分析的准备阶段，主要包括哪几个步骤？
3. 工作分析在实施过程中需注意哪些问题？
4. 对工作分析人员进行培训，其培训的内容包括哪些方面？
5. 工作分析人员对相关资料进行整理和分析主要包括哪几个方面？
6. 对原始信息的真实性、准确性和时效性进行审核，有哪几种审核方式？

第三章　工作分析的方法与工具

学习目标

➢理解各类工作分析方法的含义及特点
➢明确各类工作分析方法的适用范围
➢知晓各种工作分析方法在实施过程中需注意的问题
➢根据各类工作分析方法的特点，设计配套的执行工具
➢灵活运用各种方法开展工作分析工作

引导案例

晓露在大学期间主修的专业是人力资源管理，毕业后进入当地一家制造企业从事 HR 助理工作。

今天她刚一上班就被人力资源部经理叫到办公室。经理告知她，为了更好地适应市场，公司近期打算对组织结构进行调整，同时设置一些新的岗位。由于公司组织结构的变动，因此会带来某些岗位名称、职责等的变动。基于此，公司需要做一次系统的工作分析工作，让晓露来负责。

为了做好这次的工作分析工作，晓露找出了公司有关的资料

和文件。当翻阅完公司的工作说明书后，她发现其中存在两个很明显的问题。

1. 内容不完整。如公司之前编制的工作说明书，对“岗位关系”（受谁监督、指导谁）并未注明，工作说明书中对“可晋升、转换的岗位”也没有列出等。

2. 信息需更新。通过问卷调查、访谈发现，有些岗位实际的工作职责与工作说明书描述的不一致。

为了更好地完成这次任务，晓露负责的工作分析小组首先根据组织架构调整的需要，收集资料；然后与公司高层进行沟通，明确了新增岗位的工作定位与内容；最后，运用问卷调查、访谈、观察等方法，更细致地了解各岗位的工作现状。根据上述程序收集到的资料，晓露初步有了大体的思路，并很快提交了此次工作分析的成果。

此处不讨论晓露的工作成果是否能达到公司预期的目的。通过上述内容的描述，可以讨论一下这个问题，如何灵活选择合适的方法开展工作分析？

第一节　访　谈　法

一、访谈法简介

访谈法，又称面谈法，是访谈人员就某一岗位与访谈对象，按事先拟订好的访谈提纲进行面对面的交流和讨论而收集岗位信息的一种方法。

访谈对象包括该岗位的任职者、对该岗位工作较为熟悉的直接主管人员、与该岗位工作联系比较密切的工作人员、任职者的下属等。

访谈法收集信息资料是通过研究者与被调查对象面对面直接交谈方

式实现的，具有较好的灵活性和适应性，通过引导深入交谈可获得真实有效的资料和信息。

访谈法一般不单独使用，最好与其他方法配合使用。

二、访谈法的形式

采用这一方法进行工作分析时，访谈人员和受访者可以进行密切的交流沟通，有利于人力资源管理者了解员工的思想动态，有效传递组织发展目标和企业文化。依据不同的划分标准，访谈法又可分为不同的形式。

(一) 根据访谈对象分

1. 个别员工访谈法

个别员工访谈法是对访谈对象进行单独访谈的方法，它主要适用于工作差异较大的岗位且工作分析时间较为充足的情况。

2. 集体访谈法

集体访谈法，是通过集体座谈方式或集体回答问题方式收集资料的调查方法，它适用于工作岗位性质比较相近的情况。

3. 主管人员访谈法

主管人员访谈法，是工作分析人员同某一岗位任职者的直接上级领导进行面谈而收集岗位信息的一种方法。

(二) 根据工作分析访谈的结构化程度分

1. 结构化访谈法

结构化访谈法是按照统一设计的、有一定结构的问卷所进行的访谈。

2. 非结构化访谈法

非结构化访谈法是一种无控制或半控制的访谈，事先没有统一问卷，而只有一个题目或大致范围又或一个粗线条的问题大纲，由访谈人员与访谈对象在这一范围内自由交谈，具体问题可在访谈过程中边谈、边形成、边提出。

三、访谈前的准备

做好访谈前的准备工作是保证访谈成功的重要前提。访谈人员要根据调查的目的要求和受访者的特点，事先确定好并充分熟悉访谈的内容和范围，确定调查方案或拟订访谈提纲。

（一）设计访谈调查方案

调查方案的内容包括明确访谈的目的、确定访谈步骤、拟订提出的问题、安排提问的顺序、选取访谈对象等。调查方案样本见表 3-1。

表 3-1　访谈调查方案

一、访谈目的

为了更好地明确各个岗位的工作职责和任务，保证各个岗位之间相互协调、配合，共同实现企业的目标，现企业人力资源部对企业各个岗位进行一次全面的岗位分析活动

二、访谈人员的构成

姓名	职务	所在部门	联系方式

三、访谈对象

姓名	职务	采访时间	联系方式

四、访谈问题

1. 请问您的姓名、职务、职务编号是什么？

2. 您所在的部门是什么？直接上级主管是谁？部门经理是谁？

3. 您所在岗位的主要工作任务和职责是什么？

续表

4. 您的工作权限是什么？
5. 您在岗位中需要和哪些部门或人员接触？
6. 其他
五、访谈的形式
□个别访谈法　□集体访谈法　□主管人员访谈法
六、访谈注意事项
1. 访谈人员要营造和谐、良好的访谈氛围 2. 访谈人员应注意做好记录 3. 保证信息的真实性、准确性

（二）拟订访谈提纲

访谈提纲是对访谈的内容或问题列出一个大致的纲目，其内容围绕工作展开，形式可以多样化。

需要说明的是，所编制的访谈问题应力求语言表述简明、准确，而且与被访者的认知水平相适应，尽量少用或不用专业术语，注意通俗性，以便取得被访者的配合，使其准确地把握问题，且问题的提出不能带有倾向性。

1. 工作分析非结构化的访谈问题样本

样本的具体内容见表 3-2。

表 3-2　访谈问题样本

1. 请问您的姓名、职务、职务编号是什么？ 2. 您所在的部门是什么？直接上级主管是谁？部门经理是谁？ 3. 您所在岗位的目标是什么？ 4. 您岗位的主要职责是什么？ 5. 请您指出各项岗位主要任务在工作时间方面所占的比重。 6. 您在工作中遇到的最大挑战是什么？有其他人员的协助吗？对这些方面，您目前做得好的有哪些？尚待改进的是哪些？ 7. 工作中在哪些方面容易出错？产生的原因主要是什么？对其他岗位有什么影响？

续表

8. 岗位的任职资格要求大致有哪些？比如教育背景、岗位经验等。
9. 您认为出色完成各项工作职责需要承受什么样的压力？要有什么样的个性品质和工作态度？
10. 在工作中，您需要和哪些部门的人员接触？
11. 企业经常从哪些方面对您的工作绩效进行考核？您认为这样考核是否合理，有无改进的建议？
12. 请描述一下您工作的环境，有什么需要改善的吗？
13. 工作中需要哪些设备来开展工作，使用频率高吗？
14. 工作中有什么不安全的因素吗？
15. 如果一个新员工担任此项工作，您觉得他（她）大概需要多长时间才能适应？
16. 如果企业进行培训，您觉得需要补充哪方面的知识或者提升哪方面的技能？

2. 工作分析结构化访谈问题样本

结构化访谈提纲及记录表内容如下。

（1）岗位基本信息

①请问您的姓名、所属部门、所在的岗位及岗位编号？

②您汇报工作的对象是谁？您的直接上级是谁？

③与您同在一个岗位任职的同事有哪些？

（2）工作目标

①该工作岗位的工作目标是什么？

②完成该岗位的工作任务对公司具有哪些重要意义？

（3）工作关系

①为了更好地完成本职工作，工作中需要与公司内部哪些岗位或部门取得联系？联系的频率如何？

②为完成本岗位职责，需要和公司外部的哪些机构发生联系？其联系的内容是什么？

③工作中接受谁的监督？

（4）工作职责和权限

①您所在岗位的职责是什么？在各项职责中分别需要完成什么工作？主要工作内容是什么？

②是否承担管理他人的工作？若是，管理哪些部门或岗位？直接管辖的人数是多少？

③对职位职责按重要性进行排序，并估计每项工作所消耗的时间比例。

④衡量所做工作好坏的标准是什么？

⑤除日常工作外，每周、每月、每季度或每年还需要承担哪些其他的工作？

⑥岗位职责是否有与别的岗位职责相交叉的部分？如果有，是哪些？如何协调分工？

⑦工作中是否有独立决策的权限？若有，主要是哪些方面的权限？

（5）工作时间及工作负荷状况

关于岗位工作时间及工作负荷状况的描述，见表3-3，根据岗位及相关情况在每项对应处打"√"，并在括号里填写相应内容。

表3-3　　　　工作时间及工作负荷状况记录表

1. 是否经常按时上下班	□是　　　　□否
2. 所从事的岗位是否忙闲不均	□是　　　　□否
3. 若岗位状态忙闲不均，则最忙状态发生在哪段时间	（　　）至（　　）
4. 是否经常需要出差	□是　　　　□否
5. 若需要经常出差，则外出时间占总工作时间的比例	比例（　　）
6. 工作负荷状况	□超负荷□饱满□基本饱满□不饱满

（6）关于工作中使用的设备和工作环境

员工所使用的设备和工作环境可以通过记录表记录并整理。

（7）工作失误分析

工作失误分析就是明确工作中最容易出现失误的环节。

（8）岗位任职资格

岗位任职资格是岗位分析的两大内容之一，见表3-4。

表3-4　　　　岗位任职资格记录表

问题	记录内容
专业知识和技能	
受教育程度	
职业资格证书	

续表

问题			记录内容
所需的培训			
工作经验			
能力要求	领导决策能力		
	计划组织能力		
	沟通协调能力		
	激励能力		
	授权能力		
	人际关系处理能力		
	书面表达能力		
	语言表达能力		
	公关能力		
	沟通能力		
	谈判能力		
	其他		
个性特质要求			

（9）职业发展方向

①可以晋升的岗位有哪些？

②可以进行工作轮换的岗位有哪些？

③可以降级到哪些岗位？

（10）其他

①您认为工作中最大的挑战是什么？

②在处理这些棘手或重要问题时，您通常是怎样做的？

③在工作中您最满意和最不满意的地方是什么？

④您是否经常与领导沟通？

⑤在与领导的交谈过程中，您与他/她主要讨论什么问题？

⑥在工作中您是否曾作出过重大决定或举措？若有，请举例说明。

⑦在工作中您希望得到哪些方面的培训？

⑧请说明对岗位有何补充的内容。

（三）工作分析问卷访谈提纲

访谈提纲还可以是问卷的形式，见表3-5。

表3-5　岗位分析访谈问卷样本

一、岗位基本信息
1. 您的姓名、所在岗位、担任的职务？
2. 您所在部门的直接上级领导是谁？
3. 您从事本岗位多长时间？
4. 您所在岗位的人员配置情况？
二、岗位设置的目的
1. 工作结果要达到什么样的标准？
2. 该岗位在整个企业中的地位如何？
三、岗位职责
1. 您每天必须做的工作是什么？您是如何做的？
2. 请您描述您一天的工作，并对这些工作按照重要程度的不同进行排序。
3. 工作中有无需要立即处理的突发事件？若有，发生的频率大概是多少？请举一个具体的实例简要地描述一下您是如何处理的。
4. 您认为工作中最大的困难是什么？
四、工作权限
1. 在工作中，您有哪些权限？
2. 为了更好地开展工作，您觉得还应增加哪些权限？
五、工作关系
1. 在工作过程中，您需要和哪些人员发生联系（包括企业内部和外部）？
2. 若工作联系密切，在联系过程中有无发生过摩擦？若有，发生的频率大概是多少？通常最后是怎么解决的？
3. 您在工作中，接受谁的监督？
4. 您在工作中是否承担管理下属的职责？若有，您是怎么管理您的下属的？请简要说明每位下属的工作范畴及岗位存在原因，您经常和哪些下属接触？

续表

六、工作时间
1. 您正常的工作时间是从几点到几点？
2. 工作期间任务是否分布均匀？
3. 平常有无加班？
4. 工作期间是否经常出差？
七、工作环境
1. 请简要地描述一下您的工作环境。
2. 工作有无职业病或其他危险发生？
3. 您对目前的工作环境有何改善的建议？
八、工作设备
请描述工作中需要使用哪些设备，并说明使用的频率。
1. 一般使用：
2. 经常使用：
3. 偶尔使用：
九、岗位任职资格说明
1. 您认为胜任本岗位的最低学历要求是什么？
2. 胜任本岗位对所学专业有什么要求？
3. 本岗位对工作经验有什么要求？
4. 胜任本岗位具体需要具备哪些能力？并举 1~2 个实例说明。
5. 其他要求。
十、其他补充事项
1.
2.
3.

四、访谈法实施技巧

即使访谈方案、访谈提纲设计得很科学，如果不掌握访谈的技巧或者技巧运用不当，也难以保证访谈的效果。

实施访谈大致分为 5 个步骤：准备访谈、建立融洽的关系、正式访谈、访谈结束、形成访谈工作分析表。

（一）准备访谈

准备访谈时要设计一个比较完善的访谈提纲，选择一个合适的访谈环境，提前与相关主管协商，找到最了解岗位职责并能客观评述的人。

（二）建立融洽的关系

访谈人员在开始正式访谈之前，要营造愉快的访谈气氛，可以先谈谈访谈对象较熟悉或感兴趣的事情，以消除其拘束感，比如个人爱好、生活习惯等。

下文是一个访谈开场白的示例。

××先生/女士：

您好！我是本次的岗位分析员××。

感谢您抽出宝贵的时间接受访谈。本次访谈的主要目的是通过了解岗位的基本职责、任职条件等方面的信息，完成岗位说明书的编制。在访谈结束后，我们会将整理的相关信息再次和您确认。

在开始访谈前，您有什么问题需要我解答的？

（三）正式访谈

访谈人员首先要把访谈的目的、内容及选择对方的原因等介绍清楚，语言要通俗易懂、态度诚恳。

访谈人员应与被访谈者建立一种融洽的关系，访谈人员要注意控制访谈的进程、提问的语气、语速、语言表达清楚、表情等方面的问题。

在访谈过程中，访谈人员的目光要直接与访谈对象交流，其回答问题时，访谈人员要专心倾听。

无论采取何种访谈方法，访谈过程中一般都需要做记录。在做记录之前，访谈人员应事先征求被采访者的意见。对于有顾虑的人员，访谈人员应做好其思想工作，对其讲明调查内容的保密性、所获得的信息的用途、记录的内容对他们产生的影响等。若访谈对象仍然不能消除顾虑，则可在交谈时不记录，待交谈结束后访谈人员再记录。

记录的方式有两种：笔记和录音。一般来说，访谈对象都不愿意接受录音这种方式，故使用前必须征得对方同意。否则，容易引起对方误会和不安，影响访谈过程的顺利进行。

访谈人员在做笔记时，需注意不能只顾着低头记笔记而忽视对方的存在。

访谈人员还应控制好访谈的进程和时间，最好能在预定的时间内结束访谈。若因某种原因未能完成访谈的内容，需要延长访谈时，应征求对方的同意并表示歉意。

（四）访谈结束

在访谈结束后，访谈人员应真诚地感谢对方的支持和配合。

（五）形成访谈工作分析表

访谈人员要对访谈所获得的资料进行核对和检查，以确认所收集到的信息的真实性和可靠性，并对访谈过程进行回顾，整理访谈资料，再将其记录下来，形成访谈工作分析表（见表 3-6）。

表 3-6　　访谈工作分析表

一、岗位基本情况	
岗位名称：	所属部门：
直属上级岗位：	工作地点：
直接下级岗位：	工作时间：
二、岗位设置目的	

续表

三、工作职责描述

工作内容	时间分配权重

四、工作权限

五、工作环境

六、岗位轮换与协作

岗位轮换：

岗位协作关系：

七、工作设备

设备/工具	使用频次		
	偶尔	一般	频繁

八、任职资格

1. 专业知识和技能：
2. 教育程度：
3. 职业资格证书：
4. 所需的培训：
5. 工作经验：

第二节 观 察 法

一、观察法简介

（一）观察法概述

观察法就是工作分析人员在不影响被观察人员正常工作的条件下，通过观察，将有关工作的内容、方法、程序、设备、工作环境等信息记录下来，最后将取得的信息归纳整理为适合使用的结果的过程。

采用观察法进行工作分析，工作分析人员可以获得工作现场的第一手资料，结果比较客观、准确，但需要岗位分析人员具备较高的素质。

一般来说，观察法适用于行为特征较明显的工作岗位，如生产线工人、会计、前台接待员、停车管理员等。观察法不适合长时间的心理素质的分析和工作循环周期很长的脑力劳动的工作，偶然、突发性工作也不易观察，且不能获得有关岗位任职资格要求方面的信息。对于非适用岗位，观察法应用的侧重点是对劳动者的动作、劳动负荷、体力分配等外在表象进行研究，对工作时间安排及岗位所处的环境条件进行观察记录。

（二）观察法的优缺点

利用观察法进行岗位分析时，应力求观察的结构化，根据岗位分析的目的和组织现有的条件，事先确定观察的内容、观察的时间、观察的位置、观察所需的记录单等，做到省时、高效。观察法作为工作分析的基本工具具有其自身的优缺点，具体内容如下。

1. 优点

（1）具有直观性、可靠性。

（2）不受被观察者自身的影响。

（3）简便易行、灵活性强。

2. 缺点

（1）具有表面性。

（2）只能观察到公开的行为。

（3）应用范围有一定的局限性。

二、观察法的类别

观察法分为直接观察法、阶段观察法、工作表演法三种。

（一）直接观察法

直接观察法是指工作分析人员直接对员工工作的全过程进行观察。它适用于工作周期很短的岗位。如保洁员的工作基本上是以一天为一个周期，工作分析人员可以一整天跟随保洁员进行直接的工作观察。

（二）阶段观察法

有些员工的工作具有较长的周期性，为了能完整地观察到员工的所有工作，必须分阶段地进行观察。比如行政文员需要在每年年终时筹备总结表彰大会，工作分析人员就必须在年终时再对该工作进行观察。有时由于时间阶段跨度太长，工作分析无法拖延很长时间，这时采用“工作表演法”更为合适。

（三）工作表演法

工作表演法对于工作周期很长和突发性事件较多的工作比较适合。如保安工作，除有正常的工作程序之外，还有很多突发事件需要处理，如盘问可疑人员等，工作分析人员可以让保安人员表演盘问的过程，因此进行该项工作事项的观察。

三、观察法实施步骤

在采用观察法进行工作分析时，要求所选取实施观察的工作人员，其工作程序应相对稳定，即在一定的时间内，工作内容、程序、对工作人员的要求不会发生明显的变化。具体实施步骤如图 3-1 所示。

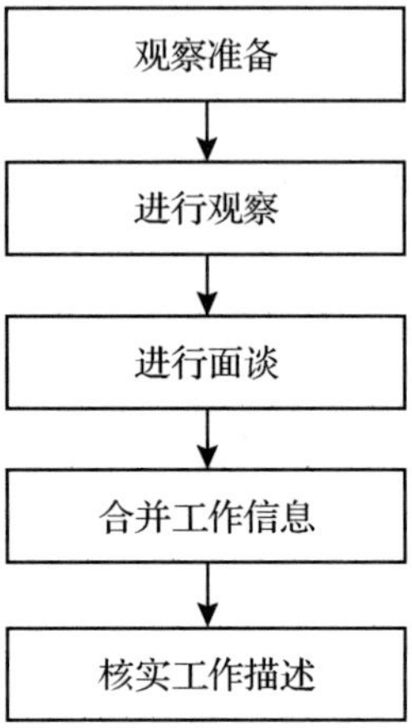

图 3-1　观察法实施步骤

（一）观察准备

1. 检查现有文件，形成工作的总体概念：工作的使命、主要职责和任务、工作流程。

2. 准备一个初步的观察任务清单，作为观察的框架。

3. 为数据收集过程中涉及的还不清楚的主要项目做一个注释。

（二）进行观察

1. 在部门主管的协助下，对员工的工作进行观察。

2. 在观察中要适时地做记录。

（三）进行面谈

1. 根据观察情况，最好再选择一个主管或有经验的员工进行面谈，因为他们了解工作的整体情况以及各项任务是如何配合的。

2. 确保所选择的面谈对象具有代表性。

（四）合并工作信息

1. 检查最初的任务或问题清单，确保每一项都已经被回答或确认。

2. 进行信息的合并：把所收集到的各种信息合并为一个综合的工作描述。

3. 在合并阶段，工作分析人员应该随时获得补充材料。

（五）核实工作描述

1. 把工作描述分发给主管和工作的承担者，并附上反馈意见表。

2. 根据反馈意见表，检查整个工作描述，并对模糊和错误的地方做出标记。

3. 召集所有观察对象进行面谈，补充工作描述的遗漏问题。

4. 形成完整和精确的工作描述。

采用观察法进行岗位分析时，事先拟订一个初步的提纲作为观察内容的清单，可以取得更好的效果，表 3–7 提供了观察样本。

表 3–7　　某公司前台接待员岗位分析观察记录表

岗位任职者		观察日期		
观察者		观察时间		
工作时段	观察内容			
9:00—12:00	接待来访人员：________人/次 转接电话：________次 接收快递：________件 发送快递：________件 …………			
13:00—17:00	接待来访人员：________人/次 转接电话：________次 接收快递：________件 发送快递：________件 …………			

四、观察法注意事项

采用观察法进行工作分析时，工作分析人员应注意以下几点。

1. 注意所观察的工作行为应具有代表性、稳定性。

2. 观察人员在观察时尽量不要引起被观察者的注意。

3. 观察前应确定观察时间和提纲。

4. 观察时所记录的信息应反映岗位有关内容，避免机械记录。

5. 在使用观察法时，可以事先将工作分析人员用适当的方式介绍给员工，使其能够被员工接受。

6. 观察人员应该做到采取不偏不倚的态度，不带任何看法或偏见地进行观察，确保观察结果的客观性。

第三节　问卷调查法

一、问卷调查法简介

（一）问卷调查法概述

问卷调查法就是根据岗位分析的目的、内容等，事先设计一套岗位调查问卷，由被调查者填写，再将问卷加以汇总，从中找出有代表性的回答，对岗位相关信息进行描述的一种方法。

问卷调查法较多应用于涉及被调查者范围较广，需要了解同样的信息，且需要调查了解的信息非常多，调查了解的信息需要被调查者提供详细的个人意见、建议并充分阐述个人观点的情形。

（二）问卷调查法的优缺点

问卷调查法有其自身的优缺点，组织在具体实施过程中应加以注意，以扬长避短。

1. 优点

（1）可以在短期内对大量的人员进行调查。

（2）可以在工作之余填写调查问卷，不会影响正常的工作。

（3）运用一些数据分析软件，使结果更容易统计处理和分析。

2. 缺点

(1) 设计一份高质量的调查问卷需要花费较多的时间、人力、物力等。

(2) 可能由于被调查者对问题理解的错误而导致收集不到有效的信息。

(3) 缺少沟通和交流，被调查者可能不积极配合、不认真填写，从而影响调查的质量。

二、调查问卷设计

问卷调查的关键是设计问卷。问卷设计是一项非常专业的工作，必须将需要获得的信息转化为简单明确的问题。

(一) 问卷调查表的样式

问卷设计形式分为开放型、封闭型、混合型 3 种。

不论采取何种设计方式，问卷问题的设计都应以拟分析的工作岗位为中心进行。

1. 开放型问卷

开放型问卷，是指设计的问卷只有问题而没有给出备选的答案，由被调查者根据自己的判断，自由地回答所提出的问题。

由于被调查者可以自由回答问题，因此容易获得某些新的或更为全面的信息；但同时也可能会收集到一些无效的信息，且难以对收集到的信息进行统计和对比分析。

2. 封闭型问卷

封闭型问卷，是指调查人员先设计好所要调查问题的备选答案，被调查者在其中选择合适的答案即可。

封闭型问卷比较规范、标准，适合于用计算机对结果进行统计分析。但它的设计比较费工，不易获得较为全面的信息。

3. 混合型问卷

混合型问卷，就是将封闭式问卷与开放式问卷有机结合，其问题既包括开放型问题也包括封闭型问题。

（二）调查问卷设计的实施步骤

为保证调查信息收集的有效性，在具体运用问卷调查法时，问卷设计是最关键的一步，问卷设计应遵循以下步骤，如图 3-2 所示。

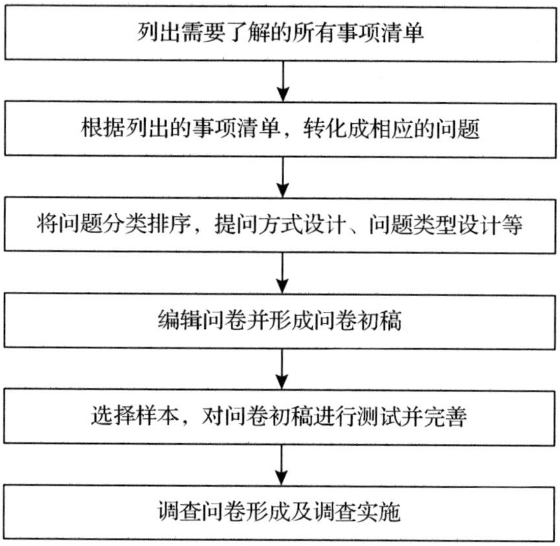

图 3-2　调查问卷设计的实施步骤

（三）设计问卷应注意的问题

问卷设计质量的高低，直接影响到调查结果的效果。在设计调查问卷时，应注意以下 4 个方面的问题。

1. 提问要准确、语言通俗易懂

问题、备选答案的设计要准确，避免使用生涩难懂的文字或词语。

2. 问题不可模棱两可

问卷的设计除了准确外，还需注意文字表达清楚、简洁，让被调查者很清晰地明白所要回答的问题。

3. 避免诱导性的问题

设计问卷时，避免设计带有倾向性、诱导性的问题，如“大多数员工认为，该岗位的任职资格应该包括 1~2 年相关的工作经验，您是这样认为的吗?”

4. 问题的排列次序

（1）把被调查者感兴趣的问题放在前面。

（2）把简单的问题放在前面，难以回答的、开放式的问题放在后面。

（3）按照时间的先后顺序排列。

课程实训

结合本节内容的学习，请设计一份通用的岗位调查问卷。

实训指导：

采用问卷调查法设计调查问卷时，问题应明确，且需注意问题的排列次序。

下表给出了一则范例，仅供读者参考。

某公司岗位调查问卷

此次问卷调查是为了收集您目前所在岗位的有关信息，进行信息分析、完善现有岗位说明书，以此规范公司岗位管理。此次问卷调查只针对岗位的客观情况，不涉及任何具体个人。请不必顾虑，如实填写。

您是最了解您的岗位的人，因此您的认真填写对我们的工作非常重要，也是对公司的重要贡献。谢谢您的支持！

<table>
<tr><td colspan="6">一、岗位基本信息</td></tr>
<tr><td>姓名</td><td></td><td>岗位名称</td><td></td><td>岗位编号</td><td></td></tr>
<tr><td>所属部门</td><td></td><td>直属上级岗位</td><td></td><td>直属下级岗位</td><td></td></tr>
<tr><td colspan="6">二、工作职责与标准</td></tr>
<tr><td colspan="6">1. 职责概述（描述本岗位设置的目的和主要工作目标）</td></tr>
<tr><td colspan="6">2. 工作职责与标准</td></tr>
</table>

序号	内容	工作标准
职责 1		

续表

<table>
<tr><td>序号</td><td colspan="3">内容</td><td colspan="2">工作标准</td></tr>
<tr><td>职责 2</td><td colspan="3"></td><td colspan="2"></td></tr>
<tr><td>职责 3</td><td colspan="3"></td><td colspan="2"></td></tr>
<tr><td>职责 4</td><td colspan="3"></td><td colspan="2"></td></tr>
<tr><td>职责 5</td><td colspan="3"></td><td colspan="2"></td></tr>
<tr><td>职责 6</td><td colspan="3"></td><td colspan="2"></td></tr>
<tr><td colspan="6">三、工作权限</td></tr>
<tr><td colspan="6">1. 目前您具有哪些工作权限？</td></tr>
<tr><td colspan="6">2. 为了更好地完成工作，您觉得还需增加哪些权限？</td></tr>
<tr><td colspan="6">四、工作联系</td></tr>
<tr><td colspan="6">评分标准：1—几乎没有　2—偶尔　3—频繁　4—频率较高</td></tr>
<tr><td colspan="4">公司内部部门（人员）</td><td colspan="2">分值</td></tr>
<tr><td colspan="4"></td><td colspan="2"></td></tr>
<tr><td colspan="4"></td><td colspan="2"></td></tr>
<tr><td colspan="4"></td><td colspan="2"></td></tr>
<tr><td colspan="4">公司外部机构（人员）</td><td colspan="2">分值</td></tr>
<tr><td colspan="4"></td><td colspan="2"></td></tr>
<tr><td colspan="4"></td><td colspan="2"></td></tr>
<tr><td colspan="4"></td><td colspan="2"></td></tr>
<tr><td colspan="6">五、指导监督</td></tr>
<tr><td colspan="6">1. 您直接领导的下属人数____________</td></tr>
<tr><td colspan="6">2. 被监督的对象____________</td></tr>
<tr><td colspan="6">六、工作环境</td></tr>
<tr><td>工作环境</td><td colspan="5">□室内　□室外　□其他</td></tr>
<tr><td rowspan="5">使用的工具和设备</td><td rowspan="2">设备/工具</td><td colspan="4">使用频次</td></tr>
<tr><td>经常</td><td colspan="2">一般</td><td>偶尔</td></tr>
<tr><td></td><td></td><td colspan="2"></td><td></td></tr>
<tr><td></td><td></td><td colspan="2"></td><td></td></tr>
<tr><td></td><td></td><td colspan="2"></td><td></td></tr>
</table>

续表

有何改进建议	
七、工作失误之处及带来的影响	
1. 工作中容易出现失误的地方及其原因	
2. 工作失误带来的影响 □只对自己的工作有影响 □对整个部门的工作有影响 □对整个组织的工作有影响 请举 1~2 个例子说明	
3. 工作失误的影响程度	
□很严重　□严重　□比较严重　□没太大的影响	
八、工作压力（单选）	
1. 工作时是否要求精神高度集中，若是，约占工作时间的比例大概是多少（　　） A. 10%~20%　B. 21%~40%　C. 41%~80%　D. 81%~100%	
2. 工作中是否经常迅速地作出决定（　　） A. 几乎没有　B. 偶尔　C. 较多　D. 经常	
3. 工作中是否需要运用其他跨专业的知识（　　） A. 几乎没有　B. 偶尔　C. 较多　D. 经常	
4. 工作对灵活性、创造性方面的要求如何（　　） A. 几乎没有要求，大部分工作都是常规型、程序化的工作 B. 大部分工作都是常规型、程序化的工作，偶尔会要求灵活变通，处理临时性的问题 C. 经常会要求自己有较新的创意来完成工作 D. 需要在不固定的情况下快速地对突发事件作出处理	
5. 工作任务量（　　） A. 较轻　B. 适度　C. 较重　D. 不均衡，有时较闲，有时特别忙	
九、工作时间	
1. 每天工作时间共计（　　）小时，自（　　）开始至（　　）结束	
2. 加班情况说明	

续表

十、培训与发展		
1. 企业组织的培训		
企业组织的培训项目（内容）	培训课程（内容）	培训时间
（1）		
（2）		
（3）		
2. 为了更好地完成工作，您觉得还需进行哪些方面的培训		
培训项目（内容）	培训课程（内容）	培训时间
（1）		
（2）		
（3）		
3. 职业发展途径		
岗位在行政上的职业发展途径	岗位在业务上的专业发展途径	

十一、关键业绩考核指标
1.
2.
3.
建议：

十二、岗位任职资格		
知识技能要求	1. 最低学历要求	□高中及以下　□大专　□本科　□硕士及以上
	2. 工作经验	□1 年以下　□1~2 年　□3~4 年　□5 年以上
	3. 计算机水平要求	□一般　□熟练　□精通
	4. 外语水平	□一般　□良好的听说读写能力
专业要求		
体力要求	□轻　□较轻　□较重　□重	
其他能力要求		

十三、其他	
其他需特别说明的问题（可选填）	

三、问卷调查法实施步骤

问卷调查法的具体实施可以按照下面的步骤进行。

（一）确定问卷调查的目的、范围和对象

采用问卷调查法进行工作分析前，需明确此次问卷调查的目的、范围及对象。

（二）进行问卷的设计与编制

依据相关要求展开问卷的设计工作。

（三）问卷发放、填写说明与解释

虽然在岗位分析问卷填写前有过详细的说明，也进行了问题解答，但是还可能有许多问题产生，因此，在此期间必须注意各部室的填写状况并予以协助。

（四）问卷回收及整理

对于回收的问卷，首先必须检查是否填写完整，并仔细查看是否有不清楚、重叠或冲突之处。若有，应由岗位分析人员与人力资源主管及其他相关人员进行讨论，以确认资料收集的正确性。

问卷调查法对问卷设计要求较高，设计比较费时，也不像访谈那样可以面对面地交流信息，因此，不容易了解被调查者的态度和动机等较深层次的信息。

第四节　关键事件法

一、关键事件法简介

（一）关键事件法概述

关键事件法是由美国学者弗拉纳根（John C. Flanagan）和巴拉斯（Baras）在 1954 年共同创立的。它是由上级主管者记录员工平时工作中的关键事件（一种是做得特别好的，另一种是做得不好的），在预定的时间（通常是半年或一年之后），利用积累的记录，由主管者与被测评者讨论相关事件，为工作分析和测评提供依据。

关键事件法直接描述工作中的具体活动，可提示工作的动态性；所研究的工作可观察、衡量；被测评人员所提供的资料能较详细地反映某项具体工作任务的处理过程，且告诉其他员工应该做什么、不应该做什么，对于提高其他员工的工作绩效具有指导作用。

但关键事件法归纳事例需耗费大量时间，易遗漏一些不显著的工作行为，难以把握整个工作实体；访谈人员必须经过专业的培训，对访谈人员的素质要求较高。

该方法适用于员工很多或者职位工作内容过于繁杂的工作。

（二）关键事件法的优缺点

关键事件法有其自身的优势与不足，其具体内容如下。

1. 优点

（1）职务行为上，记录的行为是可观察的、可衡量的。

（2）使工作分析及考评工作有依据。

2. 缺点

（1）可能需耗费大量的时间收集、归纳关键事件。

（2）只关注绩效最好和最差的事件，忽略了平均绩效。

二、关键事件法特征及分类

关键事件法要求岗位工作人员或其他有关人员描述影响绩效好坏的“关键事件”，即对岗位的工作任务造成显著影响的事件。

（一）关键事件法的特征

1. 关键事件所产生的个人绩效和组织绩效具有内在的必然联系。
2. 关键事件关注的是完成绩效和组织目标过程中的行为及结果。

例如，销售岗位可以选取 9 种关键行为特征。

（1）品行端正。
（2）迅速调查并掌握所销售产品的最佳性能和其他同类产品的状况。
（3）根据对方的需要灵活地对推销策略进行调整。
（4）对他人（客户、同事、领导）信守承诺。
（5）积极收集产品的反馈信息。
（6）善于倾听，并站在客户的立场上想问题。
（7）工作态度热情主动。
（8）努力扩大企业产品的市场占有率。
（9）维护企业形象。

（二）关键事件法的分类

关键事件法按性质可分为正向关键事件法和负向关键事件法。

1. 正向关键事件法

正向关键事件法要求描述对个人绩效及组织绩效产生积极影响的关键事件。

2. 负向关键事件法

负向关键事件法要求描述对个人绩效及组织绩效产生消极影响的关键事件。

三、关键事件法实施步骤与注意事项

（一）实施步骤

运用关键事件法进行工作分析，可按以下步骤实施。

1. 准备工作

在运用关键事件法前要明确哪些岗位适用此方法，明确此岗位的关键事项，做好方法实施前的相关组织、培训等工作。

2. 收集并识别关键事件

工作分析人员需收集与岗位绩效有关的关键事件。收集关键事件信息的方法有很多，在此，仅介绍访谈法和工作会议法两种。

（1）访谈法

访谈法是通过访谈收集相关信息，让被采访者描述当时事件发生的背景、采取的行动、产生的结果等，以此取得关键事件信息的一种方法。尽量采用开放性的问题，如“您在工作中遇到的比较重要的事件有哪些？”“您认为解决这些事件的正确的行为是什么？最不恰当的行为是什么？”“您认为要解决这些事件需要注意哪些问题？”

（2）工作会议法

工作会议法是由工作分析专家召集一部分相关人员（如岗位任职者及其直接领导），以会议讨论的方式收集关键事件信息的一种方法。

在信息收集的基础上，识别岗位的关键事件是运用该方法的重点环节，关键事件通常是对工作结果具有决定性影响的事情。

3. 记录相关信息

记录的信息主要包括导致事件发生的前提、事件发生的过程和背景、员工在其中的行为表现、事件结果等。

4. 信息加工

对详细记录的信息进行总结分类，总结归纳出岗位的主要特征、能力素质要求等所需信息。

（二）注意事项

1. 分析人员应掌握的方法

运用关键事件法进行工作分析，分析人员需要掌握记录关键事件的STAR法。具体内容见表3-8。

表3-8　　STAR法介绍

STAR法	相关说明
S-Situation（情境）	这件事情发生时的情境是怎么样的，情境是变化的还是相对稳定的
T-Task（任务）	岗位需要完成的任务和工作目标是什么
A-Action（行动）	当时采取什么行动？这些行动或行为哪些是有效的
R-Result（结果）	采取这些行动获得了什么结果

2. 分析人员应提前设计关键事件记录表

为了做到规范化管理，对关键事件的描述与记录，可设计出内部统一的表单供员工使用。表3-9是关键事件记录表单的一个样例。

表3-9　　关键事件记录表

×××岗位	×××关键事件
事件记录项目	事件记录内容
过程实录 （事件发生的真实过程）	
情境 （事件发生的情境）	
目标 （为什么要做这件事）	
行动 （当时采取什么行动）	
结果 （采取这个行动后的结果）	

3. 做好关键事件内容描述

关键事件法要求分析人员、观察人员或其他相关人员将工作过程中的关键事件给予详细的记录，记录的内容主要包括以下 4 个方面。

（1）导致该事件发生的背景、原因。

（2）员工有效的或多余的行为。

（3）关键行为的后果。

（4）员工控制后果的能力。

运用关键事件法进行工作分析时，需明确关键事件的特征，并且所记录事件的内容也是与工作有关的。在此基础上，对信息进行提炼与整理。

表 3-10 是以市场部的员工为例，根据关键事件法这一方法的要求，对其工作行为进行了记录，仅供读者参考。

表 3-10　　关键事件描述记录单

行为者	小林	地点	公司市场部	时间	9 月 13 日	观察者	总经理
事情发生的背景	17：30 左右，公司市场部接到策划方案（是针对“十一”长假而设计的促销方案）被公司总部驳回的通知单						
行为者的行为	市场部核心骨干小林下班后重新研究了上次提交的策划方案，发现了方案的不足之处，并提出了一个较为完善的新的策划方案，直至 21：30 完成工作后才离开公司						
行为后果	市场信息瞬息万变，小林快速地解决公司遇到的问题，抓住商机，为公司创造更多的价值						

4. 分析实施中注意的事项

采用关键事件法进行工作分析时，应注意以下 3 个问题。

（1）调查的期限不宜过短。

（2）关键事件的数量应足够说明问题，事件数量不能太少。

（3）正反两方面的事件都要兼顾，不可偏颇。

第五节　工作日志法

一、工作日志法简介

工作日志法也称工作写实法，是让员工在一段时间内以工作日记或工作笔记的形式记录日常工作活动而获得有关岗位工作信息资料的方法。

工作日志法适用范围较小，只适用于工作循环周期较短、工作状态较稳定并且工作内容无较大幅度变化的岗位分析。同时，由于由任职者自己填写日志而产生的工作日志法的可信度问题，对于组织中的核心关键岗位，其职责或重大、或稳定性差，则工作日志法不宜作为主导工作分析方法。

工作日志法的种类有很多，如个人工作日志、班组工作日志、特殊工作日志等。

工作日志法的优点在于，如果这种记录记得很详细，会得到一些其他方法无法获得或者观察不到的细节，对高水平、复杂工作的分析比较经济、有效；其最大的问题是，工作日志内容的真实性很难保证。

二、工作日志法实施步骤

工作日志法实施步骤主要包括以下 3 个阶段。

（一）准备阶段

准备阶段的工作包括表单设计、目标定位、培训相关人员及确定填写周期 4 个环节。其中，目标定位是指根据目标任职者的多少决定选择哪些任职者作为考察对象。当目标任职者较少时，可以全部作为考察对象；当目标任职者较多时，可选 5~10 位任职者填写工作日志，同时应选取绩效水平较高的任职者来填写。

（二）日志填写阶段

岗位任职者按照填写要求，在规定的时间内填写工作日志表。人力资源管理者通过中期讲解、阶段成果分析、召开工作分析交流会等方法进行过程监控，督促任职者保质保量地填写好工作日志。

（三）信息分析整理阶段

岗位分析人员在确定的时间收回工作日志表后对信息进行分析与整

理，包括提炼工作活动、工作职责描述、工作任务性质描述、工作联系、工作地点描述及工作时间描述等内容。

课程实训

结合本节内容的学习，请对公司行政部文员的工作，运用工作日志法进行信息收集工作。

实训指导：

运用该方法进行工作信息收集时，需让表格填写者按时间顺序详细记录自己在一段时间内的工作内容与工作过程，并且其记录的信息需与工作有关，切勿记流水账。

下表给出了一则范例，仅供读者参考。

工作日志法记录示例

时间	工作事项	工作事项内容	事项结果	时间消耗	备注
9：00—9：30	起草公文	行政办公制度	800 字	1 小时	草稿
9：30—10：00	录入数据	经营数据录入	完成 30 页的录入	0.5 小时	承办
10：00—12：00	接待	参观接待	3 人参观	2 小时	承办
13：00—15：00	准备会议事项	做好会议准备工作	完成	2 小时	参与
15：00—16：00	整理会议记录	会议记录整理	完成 1 份记录	1 小时	存档
16：00—17：30	发放办公用品	办公用品发放	50 个笔记本	1.5 小时	记录

第六节　交叉反馈法

一、交叉反馈法实施步骤

交叉反馈法的实施，主要包括以下 3 个步骤。

（一）确定分析岗位

岗位分析专家与从事被分析岗位的骨干人员或其主管人员交谈、沟通，按企业经营需要，确定工作岗位。

（二）拟订工作规范

主管人员或骨干人员根据设立的岗位按预先设计的格式，草拟工作规范初稿。

（三）修改工作规范

岗位分析专家与草拟者和其他有关人员一起讨论，并在此基础上起草第二稿。

为了更好地说明这一方法在工作分析实践中的应用，下文提供了一则示例，供读者参考。

二、交叉反馈法实例

交叉反馈法的运用示例

一、工作分析的目的

明确新增岗位的职责范围与岗位规范，落实岗位责任，建立起一套高效清晰、完善具体、科学规范的岗位责任体系。

二、工作分析方法选取

根据公司人员配置情况，此次工作分析采取的主要方法是交叉反馈法，辅以问卷调查。

三、工作分析实施

1. 岗位信息获取

（1）设计与发放调查问卷，以获得拟分析岗位的初步信息。

（2）访谈：在问卷调查的基础上，工作分析小组与新设岗位的直接主管就新设岗位的名称、职责、工作特征及其他相关信息进行确认。

2. 交叉反馈阶段

（1）主管人员依据访谈的结果，按照事先确定的编写规范进行岗位说明书初稿的编写。

（2）工作分析成员与主管人员对形成的初稿进行审阅，并归纳、总结形成岗位说明书的必备信息。

3. 编制岗位说明书

工作分析小组将工作分析的结果以文件的形式展现出来，按公司规定的统一要求和规格进行岗位说明书的编写。

第七节　职位分析问卷法

一、职位分析问卷法简介

职位分析问卷法（Position Analysis Questionnaire，PAQ）是组织进行工作分析的常用工具之一。它由麦考密克（E. J. McCormick）等人于 1972 年设计开发，是一种以统计分析为基础，通过建立某职位能力模型来进行工作分析的有效工具。

在实际工作中，组织可根据实际工作情况选择 A、B 两种职位分析问卷法样式。其中 A 样式包括 189 个问卷项目，B 样式包括 194 个问卷项目。在 B 样式中，187 项被用来分析员工的活动特征（工作元素），其余 7 项则涉及薪酬问题。职位分析问卷法的所有问卷项目可划分为信息输入、思考过程、工作产出、人际关系、工作环境和其他特征 6 个类别。

表 3-11 给出了样式 B 的结构。

职位分析问卷法问卷同时考虑了员工与职位两个变量因素，并将各种职位所需要的基础技能与基础行为以标准化的方式罗列出来，从而为人事调查、薪酬标准制定等提供了依据。但是问卷没有对职位的特定工作进行描述，所以不能描述实际工作中特定的、具体的任务活动，且可读性不强，程序烦琐，花费时间也比较多。

表 3-11　　　　职位分析问卷法问卷工作元素分类表

类别	内容	例子	工作元素数目
信息输入	员工在工作中从何处得到信息，如何得到	如何获得文字和视觉信息	35
思考过程	在工作中如何推理、决策、处理信息	解决问题的推理难度	14
工作产出	工作中有哪些体力活动，需要的工具、仪器设备	工作中需要计算机、扫描仪等	49
人际关系	工作中与哪些有关人员有关系	指导他人或与公众、顾客接触	36
工作环境	工作中自然环境与社会环境是什么	是否在高温环境或与内部其他人员冲突的环境下工作	19
其他特征	与工作相关的其他的活动、条件或特征	工作时间、报酬方法、职务要求	41

二、职位分析问卷法信息收集

职位分析问卷法是通过标准化、结构化的问卷形式来收集工作信息的，其覆盖的内容主要包括一般的工作行为、工作条件或者职位特征。具体而言，职位分析问卷法需要收集以下 6 类信息，具体内容见表 3-12。

表 3-12　　　　职位分析问卷法需收集的信息

信息类别	内容说明
信息来源	员工从哪里以及如何获得执行工作所需的信息
智力过程	执行工作所涉及的推理、决策、计划和信息处理活动
工作产出	员工执行工作时所使用的身体活动、工具以及方法
人际关系	执行工作所需要的与他人之间的关系
工作背景	执行工作的环境和社会背景
其他职位特征	除了那些已经提到的与工作相关的活动、条件和特征

三、职位分析问卷法实施步骤

职位分析问卷法的操作程序主要包括 7 个步骤，即明确工作分析目的、获得组织管理层支持、确定信息收集方式、培训职位分析问卷法分析人员、沟通工作分析项目、收集信息并予以编码、整理工作分析结果。

（一）明确工作分析目的

组织实施职位分析问卷法方法或者完成若干份职位分析问卷法问卷并不是工作分析的目的所在，而将工作分析的结果应用于实现某些人力资源管理的职能才是工作分析的最终目的。所以，组织在规划运用职位分析问卷法方法实施工作分析时，一定要明确其具体的目的和目标。

（二）获得组织管理层支持

熟悉组织环境并赢得组织管理层的支持，对使用任何一种方法进行工作分析都是必不可少的。

首先，明确组织的环境和文化，针对不同的组织文化，选择不同的数据收集方式来提高效率。

其次，确定工作分析是从高级职位向下开展还是从低级职位向上开展，是否需要在大范围开展工作分析前进行测试，是否存在普遍受到认同的部门，以便从其开始收集信息等。

再次，制定具体方案供组织管理人员审阅并得到他们的支持。

最后，向管理人员强调“用职位分析问卷法进行工作分析是从‘行为’的视角，而不是从某位任职人员的实际绩效角度对工作进行研究分析”。

（三）确定信息收集方式

具体来说，工作分析信息收集的范围和典型方式主要包括以下两种。

1. 工作分析专业人员填写职位分析问卷的方式

如果由工作分析专业人员通过访谈任职人员或向直接主管收集数据，然后填写职位分析问卷，通常需要选择那些有一定工作分析知识与技能的人员组成临时性的项目小组。一般来说，数据的收集集中在一段时期，当这个时期结束后，只需要由一位熟悉职位分析问卷法的专业人员根据情况的变化进行数据维护即可。

组织内的工作是多样化的，有的是一人一岗，有的是一岗多人。当同一工作名称下包含多名任职人员时，首先需要与这些任职人员的直接主管沟通，明确他们的工作内容是否确实一致，如果不一致，则需要考虑用不同的工作名称进行区分；如果一致，则存在数据收集的样本问题，需要抽取一定量的任职人员作为提取信息的样本。

2. 任职人员直接填写职位分析问卷的方式

如果采用任职人员或主管直接填写职位分析问卷的方式，需要注意以下事项。

（1）如果有多位任职人员从事同一工作岗位，最好是选择至少 3 位任职人员独立地完成职位分析问卷。虽然有的组织要求更多的任职者填写问卷，但实践显示，增加职位分析问卷的填写数量并无助于提高分析结果的准确性。因此，如果要增加填写职位分析问卷的任职者，需要权衡这样做的收益和成本。

（2）如果由直接主管填写一份问卷，将有助于提高管理层对分析结果准确性的信任程度。

（3）给问卷填写人员提供较多的指导，帮助他们理解职位分析问卷法各个因素的含义及评价尺度，这样将有助于提高分析结果的准确性。

（四）培训职位分析问卷法分析人员

无论采取什么样的数据收集方式，都应当对职位分析问卷法分析人员进行 2~3 天的正式培训。培训内容包括熟悉工作分析本身，职位分析问卷法的内容与操作步骤、收集数据的技巧、如何倾听任职人员的描述等。同时，需要就实际操作过程中遇到的问题进行讨论，以加深分析人员的理解，提高分析人员的操作能力并统一所有分析人员对职位分析问卷法项目及评价尺度的认识。

（五）沟通工作分析项目

获得全体员工的支持是在组织中推行工作分析项目的另一重要环节。

要获得员工的支持，需要与员工沟通，让员工了解工作分析的目的与意义等。沟通人员可以是组织的管理人员，也可以是人力资源管理的专家，一般通过组织常用的沟通渠道传递要进行工作分析的信息，如通过公告栏或员工会议等。需要传递给员工的基本信息包括工作分析的目的、时间规划以及数据收集过程的注意事项等。

（六）收集信息并予以编码

在确定信息收集策略、培训工作分析人员以及与员工进行必要的沟通之后，便进入了实际的信息收集阶段，也就是访谈与讨论的阶段。

（七）整理工作分析结果

在所有目标工作的职位分析问卷填写完毕后，一方面可以明确各工作对人员的任职资格要求，另一方面可以根据需要将结果应用到其他人力资源管理职能中，比如工作分类、工作评价等。需要注意的是，组织可以利用计算机程序自动分析工作分析结果，或者将工作分析的任务交给职位分析问卷法服务机构。

四、职位分析问卷法注意事项

为了更好地实施工作分析，组织在运用职位分析问卷法时需注意对关键事项的把控。具体内容如下。

1. 需对问卷填写者进行必要的培训，使其明确问卷中的相关术语、填写规范等内容。

2. 工作分析人员在访谈任职者或其主管之前，应准备一份与职位分析问卷的结构和要求相适应的访谈大纲，以方便对职位分析问卷中的各要素进行评定。

3. 为提高调查质量，建议向被调查者提供“工作分析问卷范例”，以提高所填写信息的有效性。

4. 在访谈之外还要辅之以观察，包括对任职者工作场所的观察，以及对任职者一项或多项工作活动的观察，以得到关于工具、材料、产品、工作规则以及工作环境的准确信息。

5. 在关于某项工作的访谈和观察结束后，要尽可能快地完成职位分析问卷，不需要等到多个工作的信息收集结束后集中进行。

第八节　职能工作分析法

一、职能工作分析法简介

（一）方法的提出

职能工作分析法（Functional Job Analysis，FJA）是由美国劳工部提出、美国培训与就业服务机构开发的。后来，法恩（Sindey A. Fine）对功能性职务分析做了某些修改和详细说明，其中包括对任务描述的特殊规定，其基本观点有 4 个方面。

1. 做好了什么“事”与“工作人员”做了什么来完成该事不尽相同。

2. 任何工作，如观察“工作人员做了什么”以完成某一项目，则可发现他们的活动不外与以下三个范畴有关：信息、人、事，只是有关的程度有所不同。

3. 对此三类范畴所进行的活动，可以区分若干不同的功能。每一特定范畴的活动功能可以有层次区分，高层功能可以包括低层功能。

4. 任何工作或活动均可以依此三个范畴界定或评定其功能层次是属于哪一级。

（二）方法的含义

职能工作分析法是用以分析非管理性工作最常使用的一种方法，它既适用于对简单工作的分析，也适用于对复杂性工作的分析。

职能工作分析法首先用一组代表“员工功能”的基本活动来描述一名员工事实上能对数据、人、事做些什么，然后每一项工作者功能都被赋予不同的重要程度等级，最后综合得分作为岗位等级划分的基础。

这种方法的关键之处在于其系统性，是用于描述工作中的数据、人、事等的特性，并在此基础上编制工作说明书、工作规范等。

（三）适用范围

通过职能工作分析法进行工作分析，可以了解一项工作的职能层次、任职人员的特点、工作任务的内容和类型等有关方面的工作信息。这些工作信息通过汇总、加工和一定的形式把结果表达出来。该工具的适用范围包括两个方面。

1. 对于那些所需技能与产出有直接联系的岗位，如科技人员和专业人士相关的岗位，这种方法尤其奏效。

2. 同时它也适用于现代组织结构，即纵向层次较少，强调灵活性和团队合作。

（四）分析框架

职能工作分析法的框架包括以下 3 个方面。

1. 完成什么与做什么。
2. 工作者的职能——数据、人、事。
3. 工作者。

（五）关键事项

职能工作分析法在具体的实施中需注意控制操作过程中的关键点。

1. 必须对工作者“做了什么”与“需要做什么”做基本的区分。

2. 对一职位进行分析时，要把所有活动按照三要素（数据、人、事）进行分类。

3. 确保工作分析记录信息的客观、真实。

二、职能工作分析法实施步骤

作为一种职务分析系统，职能工作分析法的核心是分析工作的职能。

它对职能的分析是通过分析工作执行人员在处理工作时对数据、人、事的特征进行的。行为的难度越大，所需的能力越高，工作者职能等级也就越高。其在组织具体应用中的步骤如图 3-3 所示。

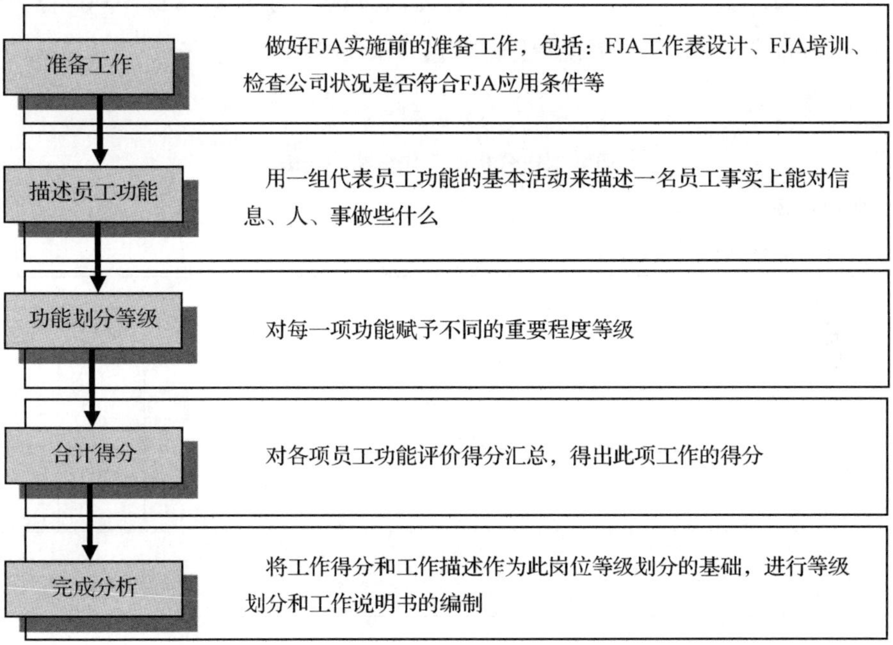

图 3-3　职能工作分析法应用步骤

课程实训

结合本节内容的学习，请尝试针对行政部接待员的工作，编制一份“职能工作分析法工作分析记录表”。

实训指导：

在运用职能工作分析法具体进行工作分析时，工作人员首先用一组具有代表性的基本活动来描述一名员工事实上能对信息、人、事做些什么。

例如，就信息方面来说，员工的基本功能包括综合、协调和复制；就人方面而言，其功能包括监督、谈判和指导；就事方面而言，其基本功能包括掌管、照看和处理。需要指出的是，每一项工作者功能都被赋予不同的重要程度等级。例如，“调整”是13，“复制”就是5。如果你正在分析接待员的工作，工作分析人员可以将这项工作的等级根据以上3个方面的因素（即与信息、人和事有关的方面）分别标注上5、6、7，这代表复制信息、同别人交谈/传递信息、处理事情。形成的记录表如下，仅供读者参考。

职能工作分析法工作分析记录表

职位：接待员

任务：信息处理

做什么		为什么	怎么做		职务功能		
工作行为	工作对象	为了什么	使用哪些工具	根据什么指导	信息	人员	事物
接收					____% 5	____% 6	____% 7
检查							
……							
备注							

第九节　管理人员职务描述问卷

一、管理人员职务描述问卷简介

（一）管理人员职务描述问卷概念

管理人员职务描述问卷（Management Position Description Questionnaire，MPDQ）是专门针对管理人员而设计的工作分析系统，是所有工作分析系统中最有针对性的一种系统。最早的管理人员职务描述问卷产生于1974年，初衷是为某公司描述、比较和评价管理职位。经过广泛的测试和深入的修改，管理人员职务描述问卷在1984年终于趋于成熟，形成了最终的模式。

（二）管理人员职务描述问卷设计原则

1. 题目要有区分度，能体现管理职位的等级差异。

2. 要容易区分哪些是工作评价要素，哪些是绩效评价要素，哪些是工作描述要素，哪些用于描述知识、技能和能力（KSAs）等。

3. 要能从各方面对管理工作进行分析。

4. 要形成一种易于任职者理解和完成的问卷模式。

5. 要有助于准确评价管理人员的工作内容。

二、管理人员职务描述问卷系统模型

管理人员职务描述问卷作为一套系统性的职位分析方法主要包括 3 个功能板块，即信息输入板块、信息分析板块和信息输出板块。

（一）信息输入板块

信息输入板块是管理职位分析问卷的主体部分，包括 15 个部分、274 项工作行为，由管理职位任职者填写，主要用于收集该职位的相关信息。管理人员职务描述问卷结构见表 3-13。

表 3-13　　管理人员职务描述问卷结构

序号	管理人员职务描述问卷内容	题目数量	
		描述工作行为的题目数	其他内容的题目数
1	一般信息（general information）	0	16
2	决策（decision making）	22	5
3	计划与组织（planning and organizing）	27	0
4	行政（administering）	21	0
5	控制（controling）	17	0
6	督导（supervising）	24	0
7	咨询与创新（consulting and innovating）	20	0
8	联系（contacting）	16	0
9	协作（coordinating）	18	0
10	表现力（representing）	21	0

续表

序号	管理人员职务描述问卷内容	题目数量	
		描述工作行为的题目数	其他内容的题目数
11	监控商业指标（monitoring business indicators）	19	0
12	综合评定（overall ratings）	10	0
13	知识、技能与能力（knowledge，skills，and abilities）	0	31
14	组织层级结构图（organization chart）	0	0
15	评论（comments and reactions）	0	7
总计		215	59

（二）信息分析板块

信息分析板块根据人力资源管理各功能模块要求，设计开发 3 种主要管理工作评价的维度，并通过这些维度对收集到的信息进行评价。这 3 种管理工作评价维度即管理工作要素、管理绩效要素和工作评价要素。

1. 管理工作要素

管理工作要素是一组描述工作内容的因子，用来反映不同职位工作的相同点和不同点。

（1）决策（decision making）。评定各种信息和各候选方案等。

（2）计划与组织（planning and organizing）。制订长期和短期计划，包括制定长期目标和战略规划以及制订短期计划和日程安排，比如计划产品或服务的设计、发展、生产和销售等。

（3）行政（administering）。准备和保管档案和文件、监控规章制度和政策的执行等。

（4）控制（controlling）。控制和调整人力、财力和物力分配，调拨材料、机器和服务等。

（5）咨询与创新（consulting and innovating）。应用高级技术解决疑难问题，为决策者提供关键信息和咨询，开发新产品和开拓新市场，密切关注技术前沿动态等。

（6）协作（coordinating）。与其他团体合作实现组织目标，在不能实施直接控制的情况下能团结他人、整合力量，协商组织资源的使用，化解矛盾与分歧。

（7）表现力（representing）。与个人或团体沟通交流，如客户、供应商、政府和社区代表、股东和求职者，促销组织的产品和服务，谈判并签订合同等。

（8）监控商业指标（monitoring business indicators）。监控关键的商业指标，比如净收入、销售额、国际商业和经济趋势、竞争者的产品线和服务等。

2. 管理绩效要素

管理绩效要素是为帮助对管理工作的绩效进行评价而选取的工作要素。也就是说，从这些方面对管理工作的绩效进行评价有助于发展和提高管理业绩。

（1）工作管理。管理工作执行和资源使用情况，监控和处理各种信息，确保产品和服务能够按时完成。

（2）商业计划。为达到目标，制订并实施计划与战略。

（3）解决问题。分析技术或商业上的问题与需求，制定决策，选择适当方案或进行创新。

（4）沟通。高效、全面和准确地进行沟通，正确地分享或交换信息。

（5）公众关系。代表组织与客户、预期客户及其他公共群体发生往来。

（6）人力资源开发。通过有效的工作分配、指导、培训和绩效评价，开发下属员工的潜能。

（7）人力资源管理。监督和管理下属员工，提供指导和帮助。

（8）组织支持。有归属感，能得到其他管理者的支持来实现个人、团队和组织的目标。

（9）专业知识。具备实现既定绩效目标所需要的专业知识。

3. 工作评价要素

工作评价要素是用来评价管理类工作相对价值的维度，即用来衡量某一管理工作（职位）相对其他工作（职位）而言对组织的贡献有多大。

（1）制定决策。制定决策的权限，考虑决策的性质、影响范围、复杂程度及努力程度。

（2）解决问题的能力。为解决所出现的问题需要投入的分析与创造性思考属于哪种等级，考虑问题的性质、所涉及的范围以及解决方案所需要的创造性。

（3）组织影响力。对组织的影响范围，包括职位对实现组织目标，对开发或销售产品，对制定或执行战略，对制定政策或流程，对实现销售收入、利润或其他业绩指标的重要程度。

（4）人力资源管理职能。监督指导职能，通过下属等级和数量及指导的复杂程度来衡量。

（5）知识、经验和技能。职位所需要的用来解决关键性组织问题的知识、经验和技能的程度，以及在多大程度上需要将这些知识、经验和技能应用于解决实际问题。

（6）联系。内外联系的范围和程度，从联系的对象、目的及频率等方面进行考虑。

（三）信息输出板块

信息输出板块是管理职位分析问卷的信息运用部分，在相关统计分析的基础上生成3种运用于不同人力资源功能板块的信息分析报告。

1. 管理职位描述

对管理职位进行概括性的描述，包括对单个管理职位财务职能、人力资源管理职能、重要活动、人际关系以及职位所要求的知识水平、技能和能力水平的描述。

2. 管理职位价值报告

该报告将通过与参照性职位的比较，对被分析管理职位的管理工作因子进行说明，然后从工作评价因子出发评价职位的相对价值。

3. 管理职位任职资格报告

反映对被分析职位而言，每个管理绩效要素的重要程度，以及对于管理人员职务描述问卷所包含的知识、技术、能力，该职位要求达到什么样的熟练程度。

三、管理人员职务描述问卷的应用

管理人员职务描述问卷是一种结构化的工作分析问卷，分析对象是管理职位和督导职位。这种方法对于选拔管理人员，发现和建立合理的晋升制度，安排有关培训项目和按工作要求建立薪酬等级等方面的工作十分有效。

（一）使用说明

管理职位描述问卷涉及管理者的工作职责、对他们的要求和限制，以及所需的不同特性等各个方面。使用该问卷进行工作分析时，首先评定重要性，指出每项活动对职位的重要程度，以 0~4 计分，写在每个项目后面的空白处；其次评论，在后面的空白处写下你认为在该维度中还应该包括的其他工作。

（二）管理人员职务描述问卷示例（部分）

分析维度：工作联系

操作定义：为了达到组织目标，需要管理者在多种层次上与组织内部或外部人员进行沟通交流（见表 3-14 和表 3-15）。

表 3-14　内部工作联系

内部联系对象	联系目的		
	信息分享	影响说服	命令指导
董事会			
高层管理者			
主管			
专业类员工			

续表

内部联系对象	联系目的		
	信息分享	影响说服	命令指导
事务类员工			
其他员工			

表 3-15　　外部工作联系

外部联系对象	联系目的			
	收集或提供信息	解决问题	销售产品或服务	协商谈判
客户				
行业组织				
社区代表				
媒体				
求职者				
……				

第一步：重要性评定。

表 3-14、表 3-15 列举了主要的联系对象和目的，请根据重要性程度和发生频率对发生在你工作中的各种“工作联系”作出评价。评价标准如下：

0——几乎不发生；

1——次要；

2——一般重要；

3——比较重要；

4——关键。

第二步：评论。

如果还有其他性质的联系，请详细写明其他联系对象和目的。

本章自测题

1. 运用访谈法进行工作分析时，需做好哪些准备工作？
2. 访谈法的形式有哪些？

3. 简述观察法的适用范围。
4. 运用问卷调查法进行工作分析时，其问卷设计需注意哪些问题？
5. 关键事件法的特征是什么？
6. 简述职能工作分析法的实施步骤。
7. 对管理人员职务描述问卷这一工作分析方法进行简要介绍。

第四章　工作说明书的编制与管理

学习目标

- ➢了解工作说明书的定义与内容
- ➢掌握工作说明书的编写步骤
- ➢知晓工作说明书的编写规范
- ➢知晓工作说明书编写的注意事项
- ➢了解工作说明书的应用范围
- ➢能编制出符合要求的工作说明书

引导案例

BC 公司是一家外贸公司，小韩前不久应聘到该公司任销售助理一职。

根据公司的业务发展需要，该公司与国外厂商的业务往来增多，因此有必要增设销售助理一职，该岗位人员需具备较强的英语口语及书面能力，同时由于涉及网站的管理工作，故还需具备一定的计算机操作能力。该公司针对销售助理这一岗位编制了工作说明书，设定了 4 个方面的职责。

1. 协助销售部经理处理国内外业务的联系及文件。

2. 在工作需要的情况下为公司管理人员做好英文翻译。

3. 公司网站业务信息的管理。

4. 本部门销售业务文档的管理。

小韩由于有留学的经验，且在其他公司做过业务工作，所以他很快就能适应并胜任这份工作。可在试用期结束前几天，他突然向人力资源部提出辞职。这让公司领导感到有些诧异，因为大家都认为他工作表现很好。

通过沟通，人力资源部得知，小韩的不满意之处在于，他在与客户联系的过程中，除了需要向客户提供某些信息如产品的技术参数、生产条件等（这些内容他都不熟悉），他还需要根据客户的需求设计合作方案，其中就涉及产品生产环节中的问题。这些知识他不具备，公司也未向他提供必要的培训。存在这样的问题，让他很难顺利开展工作。于是，他便到公司人力资源部提交了辞职申请。

该公司编制的销售经理助理这一岗位的工作说明书存在什么问题？它对公司的管理工作带来哪些影响？

第一节　工作说明书的编制

一、工作说明书的内容

工作说明书是工作分析的结果，是经工作分析形成的书面文件，是对组织中各岗位的职责范围、负责程度、岗位目的、沟通关系、任职条件和考核评价内容等进行的说明。

工作说明书主要包括工作描述和工作规范两部分内容。

（一）工作描述

工作描述又称职务描述，是对组织中各类岗位的工作性质、岗位职责、工作任务与工作环境等所作的规定，是用来说明任职者应该做什么、怎么做以及在什么条件下去做的一种书面文件。它主要包括以下两个方面的内容：岗位基本信息与工作说明。

1. 岗位基本信息

岗位基本信息包括岗位名称、部门、汇报关系、岗位编号、职务等级等。其内容没有统一的范式。为了更清晰地说明这一内容，用表 4-1 呈现了。

表 4-1　岗位基本信息

岗位名称		岗位编号		所属部门	
直接上级		管辖人数		工资标准	
晋升方向		工作性质		职务等级	

根据前文对工作说明书中的“岗位基本信息”的描述，其内容无统一的范式，具备对该岗位的基本描述即可，包括岗位名称、所属部门、直接上级等。编制人员可根据本组织管理的需要灵活设置项目。下文提供了一则范例（见表 4-2），供读者参考。

表 4-2　秘书岗位基本信息

岗位名称	秘书	岗位编号	×××	所属部门	行政部
直接上级	行政经理	管辖人数	无	工资标准	××××~××××元
晋升方向	高级秘书 行政经理	工作性质	后勤系列岗位	职务等级	二级

2. 工作说明

工作说明主要包括 6 个方面的内容，具体见表 4-3。

表 4-3　　工作说明的内容

内容	说明
职务概述	又称岗位综述，用于描述岗位的整体性质。如某企业行政部经理的工作概述为：负责公司日常行政事务的管理及后勤保障工作；参与公司规章制度的制定，并监督制度的执行情况，努力提高企业工作效率；负责行政事务文档的编制、处理、管理；协助各业务部门的工作
岗位职责和权限	说明任职者应完成的工作任务、承担的责任、岗位权限范围等
岗位绩效标准	说明组织期望该岗位的员工完成工作任务时应达到的标准
工作联系	说明任职者与组织内部或外部人员之间因工作关系所发生的联系
机器设备及其他	岗位任职者在工作过程中所需用到的办公用品及设备
工作条件和环境	包括工作地点、光照度、有无噪声干扰、工作中有无危险作业等

课程实训

试对“人力资源经理”这一岗位的工作说明信息进行撰写。

实训指导：

依据上文“工作说明”的讲解，其内容主要包括职务概述、岗位职责和权限、岗位绩效标准、工作联系、机器设备及其他、工作条件和环境等。编写这些内容时，需紧密结合该岗位的工作实际，不可主观臆断。而要做到这一点，则离不开工作分析这一环节的工作。下文提供了一则范例，仅供读者参考。

人力资源经理工作说明

内容	内容说明
职务概述	组织制定公司人力资源发展规划，指导和协调公司人力资源管理工作，满足公司对人才的需求，确保公司总体战略目标的实现

续表

内容	内容说明
岗位职责和权限	岗位职责 1. 公司人力资源战略规划管理 （1）组织制定公司人力资源发展的长期规划、中期规划和年度规划，并监督各项计划的实施 （2）向公司高层决策者提供有关人力资源战略、组织建设等方面的建议，并致力于提高公司的综合管理水平 2. 公司规章制度管理 （1）主持修订企业人力资源相关规章制度，并监督其执行情况 （2）根据企业发展的实际，不断完善人力资源管理制度 3. 人力资源管理 （1）协调和指导本部门及各用人部门的人才招聘、员工培训、绩效考评、薪酬等工作，确保公司人力资源的合理使用 （2）及时处理公司管理中的重大人力资源问题 4. 人力资源储备与开发管理 （1）进行企业人才库建设及人才储备管理，保证企业所需各类人才的及时到位 （2）制定员工培养规划，确保满足企业发展对人才的需要 5. 分管部门管理 （1）监督、检查分管各部门的各项工作及计划的执行情况 （2）负责分管各部门的考核、培训等各项工作 岗位权限 权限 1：对公司人力资源建设规划的建议权 权限 2：对公司人力资源相关制度、流程、方案的审核权 权限 3：对公司人力资源管理工作的检查、建议和考核权 权限 4：对部门费用支出的审核权 权限 5：对下属业务工作的指导与考核权
岗位绩效标准	1. 完成公司的招聘任务 2. 培训工作按计划全面完成 3. 关键人才流失率低于____% 4. 员工任职资格达标率达____% 5. 人力成本支出控制在预算范围内

续表

内容	内容说明
工作联系	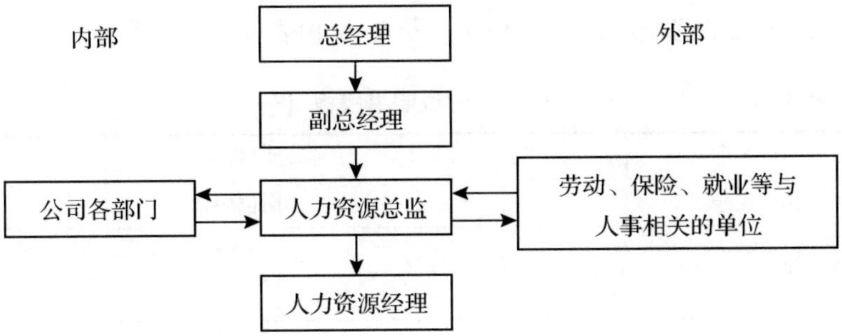
机器设备及其他	电脑、打印机、复印机、电话等
工作条件和环境	在室内工作，工作环境良好

（二）工作规范

工作规范也称职位规范或任职资格，指胜任该职务的人员在教育水平、工作经验等方面应具备的资格和条件。表 4-4 给出了一则示例。

表 4-4　　财务部经理任职资格

任职条件	学历/专业	大学本科以上，财务会计专业或金融专业	
	必备知识	专业知识	财务管理、行政管理、金融、法律，熟练使用各种财务办公软件，具有基本的网络知识
		外语要求	英语四级以上
		计算机要求	熟练使用办公软件
	工作经验	5 年以上财务管理经验，具有高级会计师资格，有国内大中型企业或外资企业财务部经理经历者优先	
	业务了解范围	熟悉国家金融政策、财务与税务方面的法律法规，熟悉银行、税务等方面的工作流程，全面掌握财务管理知识，了解企业内部业务工作流程	
	能力素质要求	能力项目	能力标准
		分析能力	财务分析、三大报表分析、经营分析
		资金运用能力	对资金的管理和合理运用，规避财务风险
		控制能力	对整体财务状况的掌控能力

工作说明书由固定的内容组成模块，所以工作说明书的编写有相应的模板，但具体样式需根据组织管理需求的实际而定。下文提供了 3 个模板，供读者参考（见表 4–5、表 4–6 和表 4–7）。

表 4–5　　岗位说明书模板（一）

<table>
<tr><td colspan="2">岗位名称</td><td colspan="2"></td><td>所属部门</td><td></td></tr>
<tr><td colspan="2">岗位编号</td><td colspan="2"></td><td>岗位序列</td><td></td></tr>
<tr><td>工作概述</td><td colspan="5"></td></tr>
<tr><td>工作职责</td><td colspan="5"></td></tr>
<tr><td>工作关系</td><td colspan="5">内部
外部</td></tr>
<tr><td>工作权限</td><td colspan="5"></td></tr>
<tr><td rowspan="4">任职资格</td><td>教育水平</td><td colspan="4">1.
2.</td></tr>
<tr><td>经验要求</td><td colspan="4"></td></tr>
<tr><td rowspan="2">知识技能</td><td colspan="2">业务知识</td><td colspan="2">管理技能</td></tr>
<tr><td colspan="2">1.
2.</td><td colspan="2">1.
2.</td></tr>
</table>

表 4–6　　岗位说明书模板（二）

<table>
<tr><td>基本信息</td><td>岗位名称
所属部门</td><td></td><td>岗位编号
直接上级</td><td></td></tr>
<tr><td>职位概述</td><td colspan="4"></td></tr>
<tr><td rowspan="5">任职资格</td><td>学历</td><td colspan="3"></td></tr>
<tr><td>专业</td><td colspan="3"></td></tr>
<tr><td>工作经验</td><td colspan="3"></td></tr>
<tr><td>能力素质</td><td colspan="3"></td></tr>
<tr><td>业务了解范围</td><td colspan="3"></td></tr>
</table>

续表

工作关系	内部	
	外部	
职责细化描述		
岗位职责	职责一	
	工作任务	
	职责二	
	工作任务	
	职责三	
	工作任务	
	职责四	
	工作任务	
	职责五	
	工作任务	
	职责六	
	工作任务	

表 4-7　　岗位说明书模板（三）

基本信息	岗位名称			岗位编号	
	所属部门			直接上级	
职位概述					
任职资格	学历				
	专业				
	工作经验				
	能力	能力项目	能力标准		

续表

职责细化描述		
岗位职责	职责一	
	工作任务	1.
		2.
	职责二	
	工作任务	1.
		2.
	职责三	
	工作任务	1.
		2.
	职责四	
	工作任务	1.
		2.
	职责五	
	工作任务	1.
		2.

二、工作说明书的编制步骤

工作说明书的编制主要有以下 6 个步骤。

（一）做好前期宣传动员工作

在开展工作说明书的编写工作之前，人力资源部应和组织高层领导进行沟通，让他们树立起岗位责任制的意识；在编写过程中，各部门应积极配合人力资源部的工作，共同完成工作说明书的编写工作。

（二）明确工作说明书内容

工作说明书由工作描述和工作规范两部分组成。工作描述是对有关职位的工作职责、工作内容、工作条件以及工作环境等工作自身特性所进行的书面描述，而工作规范则描述了该职位对人的知识、能力、品格、教育背景和工作经历等方面的要求。

（三）遵循工作说明书编写要求

编制工作说明书时所要遵循的要求，具体内容如下。

1. 逻辑性

在编写过程中，罗列职责时的顺序应清晰，条理清楚，并非随意地堆砌。通常可以按照各项职责的重要程度或者所花费的时间和精力的多少来安排次序。

2. 准确性

工作说明书应清楚地说明职位的工作情况，描述的用语应尽量准确，避免笼统、含糊不清。

3. 实用性

工作说明书必须客观、真实地反映该职位的工作职责和任职条件，以便作为人员招聘、考核等工作的依据，并根据组织的发展适时地对其进行修改和完善。

（四）收集职位信息的资料

收集职位信息的主要渠道包括：组织内部的资料，如已有的管理制度、组织内部的工作人员的沟通信息等；外部资料，如参考同行业其他组织的工作说明书等；通过工作分析收集岗位信息等。

（五）信息的处理

在这一阶段，工作分析人员对收集来的信息进行处理，筛选出工作说明书中所需的内容。如遇到问题，应和相应职位的工作人员或其上级领导沟通，以保证其内容的准确性。

（六）撰写工作说明书

根据所收集整理的信息，从工作职责、工作权限、工作关系及岗位任职资格等方面来完成工作说明书的编写工作。

三、工作说明书的编写规范

工作说明书的语言编写规范，主要包括以下 10 个方面的内容。

（一）职位概述

阐述职位设置的目标，可以遵循“工作背景+核心职责+职位目标”的原则组织语言。

1. 工作背景

说明职位工作的基础和前提，如“根据……”或者“以……为基础”。

2. 核心职责

说明职位主要职责和任务，如“主要承担（负责）……职责（工作）”。

3. 职位目标

说明职位设置的目标和意义，如“确保……”或者“实现……”。

（二）职位关系图

绘制职位所属部门的组织架构图，主要体现职位的直接上级、直接下级之间的相互关系。

（三）工作联系

列举任职者开展工作过程中所接触到的并且需要协调的人际关系。

1. 内部

列举对内联系的部门名称、与该部门联系的具体事项。

2. 外部

列举对外联络的部门名称、与该部门联系的具体事项。

（四）工作职责

详细描述职位应承担的所有职责，按照程度轻重、范围大小进行排序，遵循“行动+目标”的原则组织语言，语言描述简明扼要，切忌拖泥带水，含混不清。一般采用“负责……，确保……”“参与……，推动……”以及“协助……，实现……”的语言形式。

在描述这一栏目的内容时，工作说明书编制人员应选用专业化的词汇来表示。现将常用的一些动词列出（见表4-8、表4-9）。

1. 行为类

表4-8　　职务描述常用动词（一）

职务描述常用动词		动词解释
类别	动词	
管理行为	分析	将事物、现象、概念分门别类，离析出本质及其内在联系
	安排	准备一项活动，赋予正确的顺序
	任命	委任某人担任某种职务
	指派	指定或任命他人完成某项任务或职责
	达到	实现……的目的/目标
	控制	确保行动与计划保持一致
	协调	为了各方面的均衡而做出的努力
	确保	切实保持或保证，如确保安全生产
	监督	察看并加以管理
	引导	带领，使……跟随
	指导	指点、引导
	纠正	改正错误、调节……使其符合正确的标准
	处理	按照规定的过程进行操作
上级行为	许可	答应、允许，对……持肯定态度
	批准	上级对下级的意见、建议、请求等表示同意
	指导	指点、引导
	监督	察看并加以管理，使其达到某种绩效标准
	监控	监视并进行控制
	委任	任命某人担任某种职务
	检查	察看，与原始资料或某项标准相比较
	计划	对某一活动事先拟订方案
	评估	进行粗略的评价
	签署	在文件、条约、凭证等上签字

续表

职务描述常用动词		动词解释
类别	动词	
下级行为	检查	察看，与原始资料或某项标准相比较
	核对	对……的审核查对
	提交	将文件等资料呈送给领导，供领导考虑、研究或作出决定
	建议	向领导就……方面提出自己的主张
	参加	加入某种组织或活动
	协作	与有关人员互相配合，共同完成某项任务
	联系	与有关人员互相之间取得连通关系
	执行	贯彻实施……，实际履行……
	遵守	依照规定、制度而行动
	完成	事情按照预定目标做成
	维护	保持……的状态
	提升	促进发展
专家行为	分析	将事物、现象、概念分门别类，离析出本质及其内在联系
	建议	向领导就……方面提出自己的主张
	推荐	介绍好的人或事物，希望介绍的对象能被任用或接受
	评估	对……进行评价估量
	调研	调查并进行研究

2. 针对制度、信息类

表 4-9　职务描述常用动词（二）

职位说明书描述常用动词		动词解释
类别	动词	
针对制度、方案及文件	起草	拟定初稿
	拟定	制定并形成初步的文件
	审核	对文件、方案等的审查、核定
	呈报	将文件等资料呈现给领导或他人，以求其决断
	解释	分析说明
	实施	采取实际的行动
	归档	将各种资料、文件等分类整理并保存起来

续表

职位说明书描述常用动词		动词解释
类别	动词	
针对信息、资料	调查	进行了解、考察
	收集	使……聚集在一起
	获取	运用一定的方法，来获得……
	分析	将事物、现象、概念分门别类，离析出本质及其内在联系
	整合	把不同来源的信息（其他资源）收集或集合在一起
	检查	察看，与原始资料或某项标准相比较
	发布	宣布……，发表……
	咨询	提供指导或征求意见
	管理	主持或负责某项工作

（五）工作任务

从职位所承担的职责中提炼出来占用任职者较多时间的日常工作任务。在实践中，可以把工作职责分解成数项工作任务，然后将日常性工作任务提炼出来。一般采用“关键动词+宾语”的语言形式。例如，“办理社会保险开户、转接手续”。

（六）职位权限

说明任职者所拥有的费用审批、合同签署以及资产管理等权限。

1. 控制的预算费用

一般采用“具有批准……的权力”的语言形式。

2. 合同签署

一般采用“具有签署……合同的权力”的语言形式。

3. 资产管理

一般采用“具有管理……资产的权力”的语言形式。

如财务经理一职，其工作权限可以这样进行设置：

1. 对报销、公司对外支付款项有审批权。

2. 对会计人员的账目有审核的权力。

3. 对公司的生产经营及财务状况有建议的权力。

4. 对公司的会计、审计、税务人员有聘用、解聘的权力。

5. 对本部门人员的工作业绩有考核的权力。

（七）工作特征

1. 工作场所。例如，办公室、生产车间、出差地、客户售后服务现场等。

2. 工作环境。例如，环境舒适，有噪音、粉尘和异味，高温环境，对人体健康有害等。

3. 工作时间。例如，定时制、弹性时间、倒班制等。

4. 工作负荷。例如，轻松、正常、满负荷、超负荷等。

（八）工作考核要点

工作说明书中所列举的每一项工作职责都应该进行考核，一般是以“绩效指标+衡量标准”的形式说明职位考核要点。要求做到尽量量化工作结果，如果不能量化结果，就需要对工作的过程设置控制标准，其最终目的是便于衡量。

（九）职位发展

明确任职者职业发展的方向。例如，横向上，可以考虑任职者工作技能的丰富化、多元化发展；纵向上，可以考虑任职者能力和空间的发展，在职业规划系统内的有序晋升。

（十）任职资格

任职资格一般主要包括教育背景、专业培训、工作经验、必备知识与技能以及生理要求 5 个方面。任职资格的具体编写规范见表 4-10。

表 4-10　　任职资格具体编写规范

序号	任职资格	编写规范说明
1	教育背景	（1）教育学历。明确任职者必须具备的最低学历 （2）学习专业。明确任职者的专业范畴和方向 （3）资格证书。明确任职者必须拥有的与专业工作相关的资格证书
2	专业培训	明确任职者所接受专业培训的内容、形式和必须的培训时间
3	工作经验	（1）行业工作经验。明确任职者必须具备的行业工作年限 （2）岗位工作经验。明确任职者必须具备的同岗位工作年限 （3）最高职位经历。为了胜任职位需求，限定任职者必须具备与职位相关的最高职位经历
4	必备知识与技能	（1）专业知识。说明任职者必须具备的胜任职位需要的专业知识 （2）外语能力。说明任职者必备的英语级别、读写能力 （3）计算机能力。说明任职者必须掌握的计算机应用程度 （4）公文处理能力。说明任职者必备的文字能力 （5）其他特殊能力要求
5	生理要求	（1）身体。说明对任职者身体条件的限制。例如，健康状况良好，身高____米以上、视力____以上 （2）性别。说明性别要求，例如，性别不限

需要补充说明的是，任职资格有时会规定岗位能力，其与表 4-10 中的“必备知识与技能”的作用类似，需要对其进行分级界定。

岗位能力是指人、岗之间达到良好匹配所需的各种素质特征的总和。所谓对岗位能力分级，即对每一项能力进行定义与级别划分。不同岗位对能力有不同的要求。如同样是沟通能力，对销售人员的要求则比一般前台接待要高。通过对公司内不同岗位能力的分析与描述，可以为公司的人员招聘、选拔、考核、培训等提供支持。

表 4-11 是对“执行能力”进行的分级描述，供读者参考。

表 4-11　　执行能力分级定义样表

定义	有效利用资源，保质保量及时达成目标的能力
级别	行为描述
1	对直接上级下达的任务和工作给予配合与支持，并对不妥处及时提出质疑与修正
2	以高效完成任务为基准，在个人有效授权范围内勇于开拓创新，勇于承担责任或过错
3	上传下达，及时沟通。在分工明确的情况下，督促各分目标按计划实现
4	接受指令，在目标已定的情况下，寻找多种途径或方法以求更高效达成目标

四、工作说明书编写注意事项

工作说明书的撰写要以工作分析为基础，不得虚构或杜撰。具体说来，应注意以下几点。

（一）以符合逻辑的顺序来编写

一般来说，一个岗位会包含多项工作职责，在工作说明书罗列这些工作职责并非是杂乱无章的、随机的。工作说明书的编写人员需要按照一定的逻辑顺序进行编排，这样才有助于组织相关人员理解和使用工作说明书。

（二）任职条件设置适度

编制出的工作说明书，其设置的任职条件中的学历、经验等条件要掌握适度，不可过于苛求。

（三）职责划分要清晰

编制职位说明书时，要将每个职位的职责划分清晰，各个职位间的职责既不能重叠，也不能留有空白。

（四）切忌单纯地为编写而编写

各部门为了完成工作任务，只关注工作说明书的结果或形式，使得对工作说明书的管理成为一个表面工作，工作说明书未能发挥其相应的作用。为了避免陷入这一误区，组织需事先明确岗位说明书的编写目的，正确理解工作说明书对组织内部管理的重要作用，取得上级领导及员工对编写工作的支持。

（五）需对工作说明书的编制人员开展专业培训

若组织未对工作说明书编写人员进行专业的技术培训，会造成编写出来的岗位说明书存在大量表述不准的情况。对此，组织需对编写人员进行业务培训，为工作说明书的编写工作提供技术支持。

（六）切忌编制出的内容脱离实际

缺乏工作分析、脱离组织实际情况，会造成编制出的说明书无法得到具体应用。对此，工作分析人员应对组织当前的运营状况等进行详细分析，立足于组织实际状况编写工作说明书，以确保工作说明书的可行性与适用性。

课程实训

结合本节内容的学习，请编制“生产部经理工作说明书”。

实训指导：

工作说明书的撰写要在工作分析的基础上进行。若有现成的说明书，还需与岗位任职者及其直属上级沟通，核对现有工作说明书的内容是否与实际相符并进行调整。此外，工作说明书每个栏目的编写都有相应的规范与专业的词汇，编写人员需灵活掌握。

下文是某企业编制完成的生产部经理的工作说明书，供读者参考。

生产部经理工作说明书

<table>
<tr><td colspan="2">单位</td><td></td><td>岗位名称</td><td>生产部经理</td><td>编制日期</td><td></td></tr>
<tr><td colspan="2" rowspan="2">部门</td><td rowspan="2">生产部</td><td>任职人</td><td></td><td>任职人签字</td><td></td></tr>
<tr><td>直接主管</td><td>运营总监</td><td>直接主管签字</td><td></td></tr>
<tr><td rowspan="4">任职条件</td><td colspan="6">学历：大学本科以上</td></tr>
<tr><td colspan="6">经验：
在相关岗位工作5年以上，并担任过相关领导职务，具备高级专业技术职称任职资格</td></tr>
<tr><td colspan="6">专业知识：
企业管理、生产与作业管理、质量管理、设备管理、成本控制知识及化工制药生产及其他相关专业知识</td></tr>
<tr><td colspan="6">业务了解范围：
全面了解国内外企业生产、运作管理等领域的新发展、新动向，全面掌握化工制药生产行业的市场前景、技术发展方向，了解国家安全生产方面的法律、法规及规定</td></tr>
</table>

续表

职位目的：

根据市场情况，组织、协调公司的生产活动，有效地进行生产成本的控制。对公司的设备和安全生产进行有效的监督、管理。对各子公司（工厂）的生产活动进行必要的协调、调度与监督，保证生产顺利进行

沟通关系：

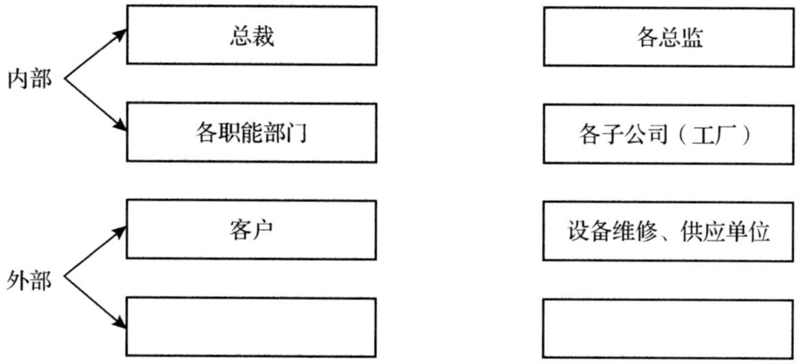

下属人员	人员类别
人数：　人	经理：　人
直接：　人	岗位人员：　人
间接：　人	其他：　人

职责范围	负责程度	建议考核内容	占用时间
按重要顺序依次列出每项职责及其目标	全责/部分/支持	考核指标	100%
1. 规章制度建设与管理 组织编制生产管理的各项规章制度，监督、检查和指导制度的执行	全责	规章制度执行情况，领导与员工综合评价在4分以上	5%
2. 制订生产计划 组织编制公司和各子公司（工厂）年度、季度、月度生产计划。定期或不定期组织召开生产计划会议，审核、平衡销售公司承接的订单并纳入生产计划，及时向各下属子公司（工厂）下达生产任务单	全责	年度生产计划各项指标的完成率达到100%	20%

续表

职责范围	负责程度	建议考核内容	占用时间
3. 生产计划的实施、监控与生产调度 按照生产计划监督、指导各产品生产单位进行生产，定期组织召开公司生产调度会议。及时安排处理各类突发事件。适时召开各类生产协调会议，协调生产过程中的各项工作，确保生产工作的顺利进行 根据各子公司（工厂）的生产情况，进行劳动力、原材料、设备的调度，组织编发生产调度会议纪要并根据需要向各子公司（工厂）发布“调度令”	全责	年度生产指标的完成率达到100%	35%
4. 统计 对各子公司（工厂）的各项生产数据进行全面统计，组织编制、汇总统计报表，报领导审批后上报上级单位或有关政府部门	全责	每月按时向上级单位或政府部门报送统计报表，及时率达到 100%	10%
5. 生产设备管理 组织对公司生产设备的例行管理并合理调拨、分配。组织建立生产设备档案，安排办理生产设备的折旧、报损、报废事宜 安排办理公司新增设备的询价、采购、运输与安装等工作。组织生产设备日常的养护、维修	全责	设备完好率 90%以上 设备使用率 80%以上	5%
6. 生产安全管理 组织编制年度生产安全计划，严格执行生产安全管理制度，确保各类设备的安全运行 组织各类锅炉、压力容器、各类仪器仪表、供电供水设备、避雷绝缘设施、计量仪器的定期检查和校验 对员工进行安全生产教育并及时组织有关人员处理生产中出现的安全事故和安全隐患	全责	员工死亡事故率为 0 工伤事故率低于×‰	5%
7. 部门内部的管理 部门日常工作的安排、任务分配及监督，协调本部门人员完成本部门各项工作 组织部门员工的培训、考核等工作，通过激励机制，挖掘员工潜力，达到开发人才的目的	全责	部门员工综合考核评分在 80 分以上，员工满意度综合评价在 4 分以上	20%

第二节　工作说明书的管理

一、工作说明书的动态调整

（一）工作说明书的检查

由于组织在发展、运营过程中，其内、外部环境在不断地发生变化，因此组织有必要每隔一段时间就对工作说明书进行一次全面的检查，看看哪些内容已经发生变化，哪些内容即将发生变化。

（二）工作说明书的修订

根据发生的变化，组织要及时对工作说明书进行修订和完善，以便编制出的工作说明书符合组织管理的实际要求。

工作说明书的修订过程主要包括以下 5 个步骤。

1. 确定修订标准

由人力资源部根据岗位管理工作要求，针对现有工作说明书存在的问题以及下一步管理工作的需要，按照组织已经制定好的工作说明书修订标准，提出各项内容的填写标准。

2. 召开讨论会

组织各职能部室召开讨论会对本部门职责进行细化和分解，梳理部门业务流程、明确岗位职责，并按照本部门岗位设置情况，从各岗位工作人员中选出本岗位的工作说明书拟稿人。

3. 进行沟通面谈

工作说明书拟稿人与岗位直接上级就岗位工作职责的划分和工作设置进行面谈沟通，并达成一致意见。

4. 修订工作说明书

由拟稿人与岗位直接上级进行沟通后，按照工作说明书修订标准完成初稿编制，初稿经本岗位人员共同讨论后，根据岗位人员的意见，再提交岗位直接上级审核和批准，上级审核和批准通过后，报送人力资源部。

5. 批准审核修订

人力资源部将各职能部门审核修订的工作说明书进行汇总，交给组织分管副总或总负责人进行审批。

二、工作说明书的应用

工作说明书作为工作分析的一项成果，具有广泛的用途，几乎可以应用到人力资源管理的各个方面，具体内容如下。

（一）为招聘新员工提供依据

在招聘新员工时，组织可以将工作说明书中的“任职条件”作为招聘和录用新员工的依据，并以职位说明书向新员工说明其上下级关系、本职位与组织内外部的沟通关系、主要职责范围、责任程度、考核标准等，使新员工明确其本人在组织中的地位和作用。

（二）确定薪酬标准

员工录用后，根据工作说明书的任职条件判断员工具体条件与任职条件有无差异，确定其符合职位要求的程度，进而确定其薪酬标准。

（三）进行工作目标管理

根据工作说明书的主要职责范围、责任程度，组织对员工进行工作目标管理，拟订员工的具体工作目标以及年度或季度要完成的指标值。

（四）进行考核与决定奖惩

组织在对员工进行工作目标管理后，根据员工的具体工作目标以及年度或季度要完成的指标值对员工进行考核，并依据结果决定对员工的奖惩。

（五）教育与培训

根据工作说明书的任职条件，组织可以找出任职者在任职资格和工作能力上的差距，为对员工进行继续教育、在职培训提供依据。

（六）晋升与发展

如果任职者在任职资格和工作能力上都超出工作说明书所要求的任职条件，则为员工的职务晋升和今后的发展提供依据，同时为组织的人力资源开发工作提出方向。

本章自测题

1. 什么是工作说明书？
2. 工作说明书主要包括哪些内容？
3. 简述工作说明书的编制步骤。
4. 编制工作说明书需注意哪些事项？
5. 对工作说明书进行修订，其实施步骤或程序是怎样的？
6. 简述工作说明书在人力资源管理工作中的具体应用。

第五章　工作分析结果运用与工作分析工作评估

学习目标

- 明确招聘信息确定的依据
- 了解工作分析与人员招聘工作之间的关系
- 了解工作分析在组织培训需求分析工作中的作用
- 了解工作分析与培训方案设计工作之间的关系
- 知晓工作分析在组织绩效管理中的应用
- 理解工作分析在薪酬管理中的作用和影响
- 了解工作分析工作评估的概念
- 掌握工作分析工作评估的内容
- 理解工作分析工作评估的方法

引导案例

BD公司是一家大型的家用电器公司，销售部门对公司市场份额的提升起着重要的作用。其销售部门的现状如下：随着销售旺季的到来，BD公司近期招聘了一批新的销售人员进入本公司工作；

上一阶段的绩效考核结果显示，销售部门整体业绩下滑。对此，BD公司打算对销售人员进行一次培训。

由于工作分析是各项人力资源管理工作的基础，因此，专家建议首先从工作分析入手。

一、工作分析与培训需求分析

（一）销售岗位工作分析

1. 工作的复杂程度分析

以销售工作的每一个工作要项为基础，分析其工作标准、特点、所需的知识技能、安全及注意事项等，为培训需求和评估提供依据。

2. 岗位任职资格分析

岗位任职资格分析主要是依据工作说明书的信息，分析销售岗位必备的知识、技能并找出岗位任职者的欠缺之处，从而提取培训需求信息。

3. 员工个人分析

员工个人分析主要是通过分析工作人员个体现有状况与应有状况之间的差距，来确定谁需要接受培训以及培训的内容。其分析的重点在于评价工作人员实际的工作绩效及工作能力。

（二）培训需求分析

根据对销售岗位及人员分析的结果，BD公司工作分析小组得出以下3个方面的信息。

1. 销售技能有待提升。

2. 销售专业知识需加强培训。

3. 销售人员时间管理技能需提升。

二、培训目标设定

（一）总体目标

1. 提高销售人员的整体素质和销售技能，增加其对公司及产品的了解，激发其销售潜能。

2. 通过培训提高销售人员的业绩，进而提高企业的销售额及市场占有率，达成公司的战略目标。

3. 培训时间及培训内容的安排。

（二）具体目标

1. 使销售人员系统掌握销售理论和技巧。

2. 增加销售人员的产品知识及行业知识。

3. 提高销售人员的自信心，帮助其树立积极的心态。

4. 提高销售人员的时间管理能力。

三、培训方案设计

（一）培训内容设计（略）

（二）培训实施与评估（略）

培训需求分析为企业的培训工作提供了运作的基础，而工作分析又是培训需求分析工作中必不可少的一环。上述内容很好地说明了这一问题。

第一节　工作分析与招聘甄选

一、工作分析与招聘信息确定

在进行招聘工作前，先要明确拟招聘职位目标和意义、工作职责和工作权限、工作关系及岗位任职资格条件等问题。具体内容见表 5-1。

表 5-1　招聘信息的确定

内容	内容说明
职位目标和意义	（1）该职位设置的目的 （2）该职位工作的结果对组织目标有何作用

续表

内容	内容说明
工作职责和工作权限	（1）该职位的主要工作职责及任务 （2）完成该工作需要具备哪些权限
工作关系	（1）该岗位属于哪个部门，在整个组织中处于何种地位 （2）该工作的直接领导是谁，监督的下属是谁 （3）该岗位在工作过程中需要与哪些人员和部门联系
岗位任职资格条件	（1）岗位所需的知识和技能 （2）完成此工作需具备哪些能力 （3）职业道德 （4）岗位对身体素质的要求

二、工作分析与人员甄选

一般来讲，工作分析对招聘甄选的作用主要体现在以下三个方面。

（一）关于工作职责和工作任务

工作分析的结果明确了组织招聘的岗位所需承担的工作职责和工作任务，为招聘者和应聘者提供有关工作的详细信息。

（二）关于素质水平

工作分析的结果明确了应聘者需要具备的素质水平，为招聘者提供可行的应聘者资格信息背景资料，有助于招聘者进行筛选。

（三）关于选拔测试

为招聘者提供在选拔中测试应聘者的工作技能资料，以组织有效的面试，选择合适的应聘人员。

图 5-1 清晰地展现了工作分析与人员甄选各步骤的关系。

1. 笔试环节与工作分析

对应聘人员进行笔试，其中关键的一环是设计笔试试题。如对“行政助理”一职，根据工作分析的结果，其任职资格要求如下：行政管理

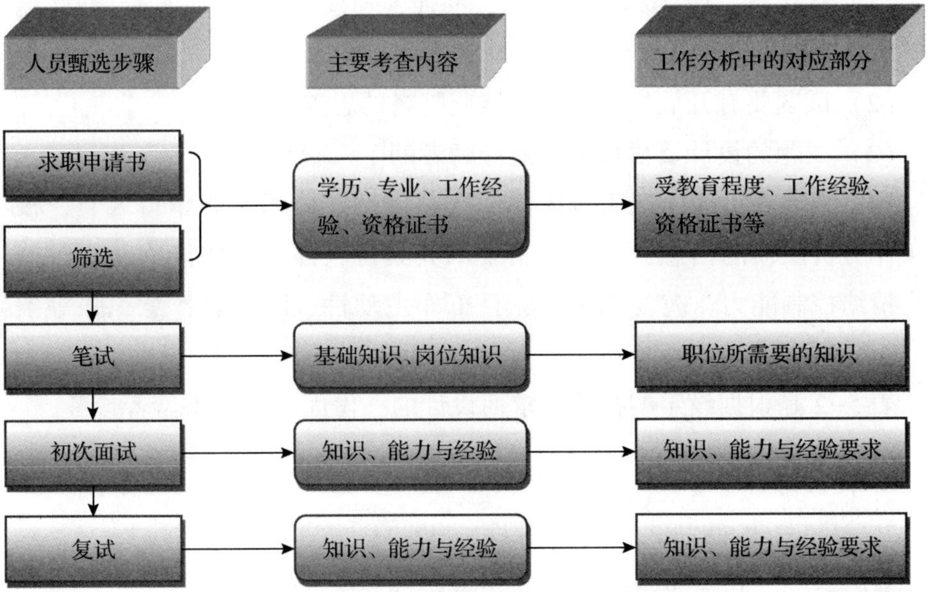

图 5-1 工作分析与人员甄选各步骤的关系

等专业，具备敏锐细致的洞察力、较强的问题分析与解决能力。据此，设计的笔试题可以包括以下内容。

(1) 您所理解的企业行政管理应包括哪些工作内容？作为行政助理应该做哪些工作？

(2) 公司将于下月中旬组织一次集体旅游，由您来组织承办该项活动，请制定一份活动方案。

(3) 请拟定一份关于中秋节放假的通知，并制定一则中秋节福利发放办法。

(4) 公司总经理在例会上提出公司上月电费开支过大，请各部门注意节约用电。您觉得从行政方面如何进行公司的日常用电管理？

2. 面试环节与工作分析

一套好的面试试题，既要能使应聘者充分地发挥出自己的水平，又要能考核出应聘者各方面的综合能力。由此可见，面试题设计的核心点是考察应聘者的能力是否能胜任岗位要求。设计出的面试题至少应满足以下 3 点要求。

（1）试题语言应当精练、明确、易懂，使应聘者能够快速、准确地理解所提问题。

（2）试题要有开放性，能够拓展应聘者的思路。

（3）试题的设计要尽可能规避应聘者的个人隐私。

现以销售人员的面试为例来说明这一问题。公司招聘销售人员，根据工作分析反馈的信息，一般都会要求其具备较强的销售能力、说服能力、情绪控制能力、应变能力等，且工作主动性、团队合作意识强等条件。

表 5-2 是根据设定的招聘要求而设计的一份面试题，供读者参考。

表 5-2　　销售人员面试题

考核的能力	面试题
销售能力	1. 自我介绍 2. 对自己最为熟悉的商品进行产品介绍 3. 对周围的任意一件物品进行即兴推销
说服能力	1. 请举例说明您成功地说服别人按照您的想法去做事情 2. 请讲述您曾遇到的最困难的一次销售经历，您是如何与客户进行沟通的
工作经验	1. 描述某一具体业务的销售流程 2. 如果让您给新员工以销售为主题进行培训，您的主要内容如何安排 3. 在工作过程中，您是如何开发新客户和维持您的老客户的
求职动机	您为什么来应聘这个职位
团队合作	您的一位同事，工作能力和业绩都不如您，可最近得到了提升，您如何看待此事
工作主动性	请举一个本属于您的上级领导分内的工作而他却没有做，由您主动完成的事例
情绪控制能力	当您对客户进行推销时，遭到多次拒绝，您如何调整自己的心态
应变能力	您作出了一个比较重要的决定，而事情的发展却事与愿违，您如何处理

第二节　工作分析与员工培训

一、工作分析与培训需求确定

通过工作分析了解各岗位工作性质和任务、所需的工作能力与操作技能，才能有效开展培训工作、降低培训成本。

（一）工作分析对组织分析的作用

工作分析对组织分析的作用主要体现为以下两点。

1. 帮助组织构建人力资源信息系统，方便组织准确度量组织的人力资源现状。

2. 提供关于工作情景的信息，包括该职位的最终成果、业务流程、工作成本等方面的数据，以准确找到组织待改进的方面，进而为组织层面的培训需求确定提供依据。

（二）工作分析对任务分析、人员分析的作用

人员分析是建立在任务分析基础上的，是将任务分析与人员任职现状进行对比的过程，因此工作分析对人员分析的贡献也主要集中在任务分析上。通过与工作要求细则相对照，员工可以发现自己在哪些方面存在不足，从而可以有针对性地提高自己，进而确定培训需求。

通过工作分析确定培训需求，其主要步骤如下。

1. 根据组织战略目标需要确定进行分析的工作。

2. 根据该岗位的工作说明书列出基本的任务及完成这些任务所需的技能、知识清单。

3. 根据内外部环境的变化重新确认该岗位的工作任务和所需的技能。

4. 为该岗位制定针对培训需求分析的调查表。

培训需求分析的内容，主要包括组织分析、岗位分析及人员分析。岗位分析是很关键的一环，其内容包括任务本身的分析、工作责任的分

析、职位关系的分析、工作环境的分析、任职条件的分析等。表 5-3 很清晰地说明了这一问题。

表 5-3　　培训内容设计

课程内容	培训对象	
	生产人员	销售人员
企业概况及产品知识课程	√	√
生产计划与进程的控制	√	
销售人员操作规范和管理制度		√
生产的操作标准化	√	
商务谈判技巧		√
销售技巧		√
设备管理与维护	√	
销售心理学		√
市场开拓与发现客户潜在需求的方法		√
生产的损耗控制	√	
潜能开发	√	√
安全生产管理	√	
团队合作	√	√

课程实训

结合本小节内容的学习，请设计一份“生产人员培训课程表”。

实训指导：

公司开展培训工作之前，应对员工绩效差距进行分析，找出需要改进的因素与项目，并根据公司的生产经营发展规划来开展预测性培训，进而设计培训内容与课程。

如针对公司车间生产人员近期工作表现不佳，通过分析发现主要是员工对某些生产规程、技术并未充分掌握，对公司的有些规定也不是特别清楚等原因造成的。据此该公司制定的培训内容见下表。

生产人员培训课程表

培训内容	培训课程
企业文化培训	企业组织结构、工厂战略目标、工厂纪律培训等
安全质量培训	安全知识培训、安全操作与防护技能培训、三级安全培训、安全案例培训等
生产技能培训	生产流程培训、工作标准培训、生产技能讲解等
质量培训	质量体系培训、质量控制培训等

二、工作分析与培训方案设计

组织中不同部门、不同层次、不同工种的岗位，其工作性质、工作内容、任职资格要求也是不同的，完全按照一套培训课程进行培训将无法真正满足不同岗位的个性化培训需求。组织需要在工作分析的基础上，根据各岗位的不同特点，有针对性地设计不同岗位的培训方案，从而提高培训工作的有效性。

为了更好地说明这一点，下文提供了一则示例。

一、培训需求说明

根据业务骨干的工作表现及培训需求调查结果，结合其岗位工作内容，得出如下结论。(具体内容略)

二、培训目标

提升业务骨干的管理技能，为公司储备管理人才。

三、培训对象

入职两年以上，连续两年评定业绩优秀者及业务部门主管、经理级员工。

四、培训时间

本次业务骨干培训的时间为____年____月____日至____年____月____日，培训项目共包含____课时，每课时为____分钟。

五、培训地点

本次业务骨干培训的地点为公司第____会议室。

六、培训讲师（略）

七、培训内容

根据我公司业务骨干人员的岗位特点及业务特点，对业务骨干人员的培训内容进行了针对性的设计，主要培训内容见下表。

业务骨干人员的培训内容表

培训项目	具体说明	培训项目	具体说明
业务骨干人员基本条件	1. 具有现代生产经营的观念 2. 尊重科学知识 3. 听取他人意见 4. 节约意识 5. 创造性	领导能力	1. 提高领导能力的方法 2. 指示、汇报的基本规则 3. 领导者的条件 4. 调动下属积极性的方法 5. 领导者的自我开发
经营组织	1. 组织的产生与运行 2. 组织的类型与性质 3. 组织的合作与协调 4. 组织的效率	工作方法	1. 工作内容 2. 如何做好工作 3. 效率与生产积极性 4. 工作报告的方法
人际关系	1. 人际关系的重要性 2. 如何协调人际关系 3. 处理矛盾冲突的方法	自我开发	1. 消化培训内容 2. 自我完善的途径 3. 自我性格的诊断与分析
工作改善	1. 改善工作的目标 2. 改善工作的方法 3. 简化生产动作的原则 4. 业务分析 5. 运用集体智慧	参与指导	1. 生产经营的助手作用 2. 提出意见的方法 3. 代理的素质要求 4. 对员工的照顾 5. 对他人的指导与合作

八、培训实施流程

（一）培训部通知各职能部门于____年____月____日至____年____月____日上报本部门的业务骨干人员名单，培训部对人员名单进行核准。

（二）培训部编制业务骨干培训方案，报请人力资源总监审批后按方案具体项目执行。

（三）培训部按照培训计划实施并负责全部培训事宜，如场地安排，有关教材分发、教具借调，通知受训单位。

（四）各项培训结束时，培训部组织举行考核测验，由培训部负责监考，考核题目由培训讲师于开课前递交培训部审核。

九、注意事项

（一）培训工作涉及公司长远发展，各部门一定要高度重视，认真组织，严格按照计划安排进行培训。培训部将随时对培训进度进行跟踪。

（二）通过培训能使受训业务骨干人员切实明确意识到自己就是解决问题的执行者。

第三节　工作分析与绩效管理

一、工作分析与绩效计划制订

岗位绩效计划的制订不能超出员工的职责范围，也不能超出工作分析设定的最高工作量，以免员工超负荷或低负荷工作。

表 5-4 是某企业生产车间主任的季度绩效目标计划表，表中的“工作目标”一栏的内容就是依据工作分析的结果来设置的。

表 5-4　　××企业车间主任季度绩效目标计划表

<table>
<tr><td>姓名</td><td></td><td>岗位</td><td></td><td>时间</td><td></td></tr>
<tr><td colspan="2">工作目标</td><td>权重</td><td colspan="2">工作实施计划</td><td>评估信息来源</td></tr>
<tr><td colspan="2">产品产值达____万元</td><td>30%</td><td colspan="2" rowspan="3">1. 制订科学的生产计划并引进部分的生产设备
2. 进行目标成本管理
3. 员工技能培训</td><td rowspan="2">生产部</td></tr>
<tr><td colspan="2">产品质量优良率达____%</td><td>30%</td></tr>
<tr><td colspan="2">生产成本控制在____万元以内</td><td>25%</td><td>财务部</td></tr>
<tr><td colspan="2">劳动生产率提高____个百分点</td><td>15%</td><td colspan="2">员工生产技能培训</td><td>生产部
人力资源部</td></tr>
</table>

二、工作分析与绩效指标设计

工作分析是一切人力资源管理工作的基础，是设计绩效考核指标的基础依据。根据考核目的，对被考核对象的岗位的工作内容、性质以及完成这些工作所具备的条件等进行研究和分析，从而了解被考核者在该岗位工作所应达到的目标、采取的工作方式等，初步确定绩效考核的各项要素。表 5-5 给出了一则示例。

表 5-5　　招聘专员绩效指标

岗位职责	考核指标
做好招聘前的准备工作	招聘前期准备工作的有效性，即因准备不充分而影响招聘工作正常进行的次数
编制企业人员招聘计划	招聘计划编制的及时性与合理性
人员选拔与录用	招聘目标达成率、职能部门经理对新近人员的满意度
……	……

除明确岗位的绩效考核指标外，还须明确指标的权重。权重即绩效考核指标在评估体系中的重要性或绩效评估指标在总分中所应占的比重，是每个绩效考核指标在整个指标体系中重要性的体现。工作内容越重要则占据的权重比例就越大。考核指标权重的设计有多种方法，如德尔菲法、层次分析法等，但其评价与参考的信息依据均来源于工作分析的结果。

三、工作分析与考核方式

绩效考核的方式包括考核频率、考核主体的选择等内容。

考核频率指的是多长时间评估一次。有的岗位工作成果在比较短的时间内就可以表现出来，如生产工人，考核应该选择较短的周期，比如月度考核；有些岗位工作成果在短时间内体现不出来，如中高层管理人员或技术研发人员，考核应该选择较长的周期，如季度、年度考核。

绩效考核主体指的是由谁来进行考核。有的岗位是由管理者下达任务指标并对任务完成情况负责，那么该岗位任职者的工作绩效就应该主要由该主管来进行考核；有的岗位工作性质主要是与客户打交道，那么对该岗位任职者的考核应该考虑客户的满意度而不仅仅是直接主管的考核。

工作分析的结果是确定绩效考核的上述各个方面信息的主要渠道，需要通过工作分析获得上述基础信息以便采用合适的绩效考核方式。

四、工作分析与绩效改进

员工可以通过对照工作说明书规定的业绩标准，开展自我检查与总结。员工的直属主管可以凭借工作说明书和考核结果与员工沟通交流，确定绩效改进的方式与方法，最终达到提高工作效率和管理水平的目的。

围绕绩效改进工作，经双方沟通后需形成清晰的绩效改进计划，而“绩效改进计划表”是其中需用到的一项工具。

一套完善的绩效改进计划，至少应符合下列 4 个要求。

(一) 计划内容要有实际操作性

即拟订的计划内容须与员工待改进的绩效工作相关联且是可以实现的。

(二) 计划要有时限性

即计划的拟订必须有明确的时限性，而且最好有分阶段执行的时间进度安排。

(三) 绩效改进计划应具体

即制订的改进计划应符合内容清晰、具体、可执行等条件。

(四) 计划要获得管理者与员工双方的认同

即管理者与员工都应该接受这个计划并保证该计划的实现。

设计绩效改进计划表应体现上述 4 个方面的内容。表 5-6 给出了一则范例，仅供读者参考。

绩效改进计划表的格式并无统一的规定，表 5-7 也是其中的一种展现形式。在实际工作过程中，人力资源工作者可根据实际需要灵活设计。

表 5-6　　　　　　　　　　**绩效改进计划表（一）**

<table>
<tr><td>姓名</td><td></td><td>所在岗位</td><td></td><td>所属部门</td><td></td></tr>
<tr><td>直接上级</td><td></td><td>执行日期</td><td colspan="3">××××年××月××日—××××年××月××日</td></tr>
<tr><td colspan="6">一、改进的内容</td></tr>
<tr><td colspan="2">待提高的方面</td><td>达到的目标</td><td colspan="2">完成日期</td><td>直接上级提供的帮助</td></tr>
<tr><td colspan="2"></td><td></td><td colspan="2"></td><td></td></tr>
<tr><td colspan="2"></td><td></td><td colspan="2"></td><td></td></tr>
<tr><td colspan="2"></td><td></td><td colspan="2"></td><td></td></tr>
<tr><td colspan="6">二、员工职业生涯发展规划（职业规划的目标及如何实现其目标）</td></tr>
<tr><td colspan="6">三、绩效改进结果评价（改进阶段结束后由员工的直接上级填写）</td></tr>
</table>

表 5-7　　　　　　　　　　**绩效改进计划表（二）**

<table>
<tr><td>改进实施人</td><td></td><td>职务</td><td></td></tr>
<tr><td>直属上级</td><td></td><td>职务</td><td></td></tr>
<tr><td>改进项目</td><td></td><td>改进实施时间</td><td></td></tr>
<tr><td>计划制订时间</td><td></td><td>审核人</td><td></td></tr>
<tr><td colspan="4">一、改进的内容</td></tr>
<tr><td>待改进的事项</td><td>原因分析</td><td>改进目标</td><td>需要提供的帮助</td></tr>
<tr><td></td><td></td><td></td><td></td></tr>
<tr><td></td><td></td><td></td><td></td></tr>
<tr><td colspan="4">二、员工职业生涯发展规划（职业规划目标及实现目标的途径）</td></tr>
<tr><td colspan="4">三、绩效改进具体措施</td></tr>
<tr><td>考核人签字</td><td></td><td>被考核人签字</td><td></td></tr>
</table>

第四节　工作分析与薪酬体系设计

一、工作分析与薪酬模式选择

（一）薪酬模式的主要类型

1. 基于岗位的薪酬模式

基于岗位的薪酬模式即以岗位的价值作为支付工作的基础和依据。

很多组织实施的岗位工资制便是这种薪酬模式。岗位工资制是按照员工不同的工作岗位分别确定工资的一种工资制度。

岗位工资制的主要类型有岗位等级工资制和岗位薪点工资制。

（1）岗位等级工资制

岗位等级工资制指的是按员工所担任的职务来确定员工工资等级和工资标准的一种工资制度。实施岗位等级工资制除应做到职务范围清晰、责任分明、工作规范、易于评价外，还应建立严格的职工调配、考核和晋升制度，以保证实施的有效性。

岗位等级工资制的操作可按划分职务类别、工作分析与评价、确定职务等级和岗位系数、初步设计岗位等级工资表、完善岗位等级工资表5个步骤进行。具体如图5-2所示。

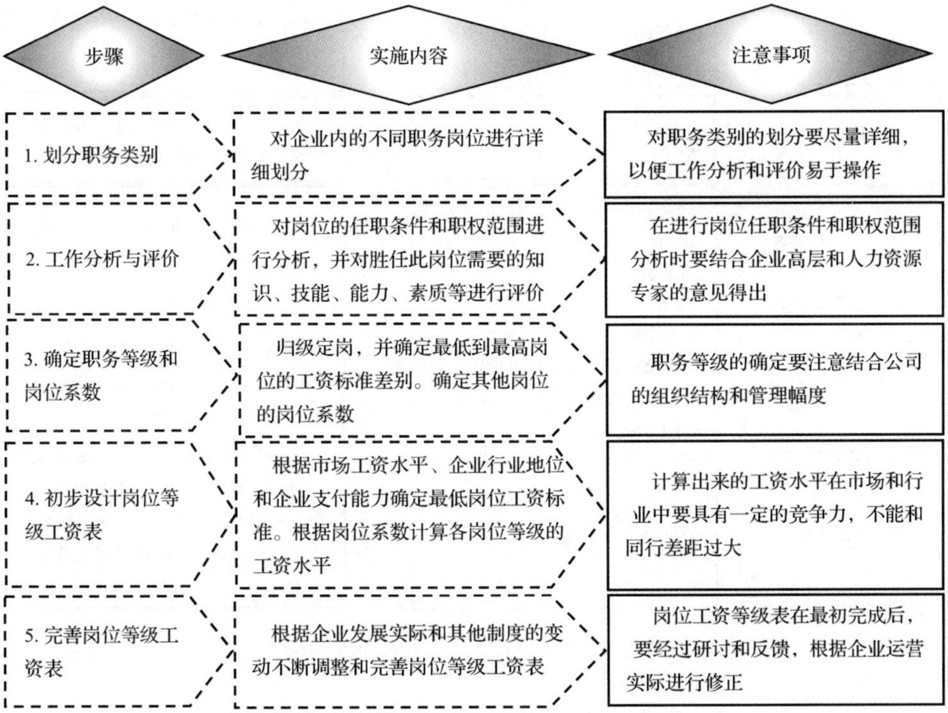

图5-2 岗位等级工资制的操作步骤

（2）岗位薪点工资制

岗位薪点工资制指的是在岗位劳动评价四要素的基础上，用点数和点值来确定员工实际劳动报酬的一种工资制度。员工点数经过一系列量化考核指标来确定，点值与企业绩效挂钩，使工资分配与企业经济效益密切联系。

岗位薪点制度的操作一般可划分为岗位分析和评价、确定岗位点数、确定员工总点数、确定点值、计算薪点工资5个步骤进行。具体如图5-3所示。

步骤	实施内容	注意事项
1. 岗位分析和评价	对岗位的权限、职责、要求进行科学分析，并制定任职说明书。在此基础上，根据任职者需要的知识、技能、能力、素质进行岗位评价	岗位分析和评价是薪点工资制的基础，因此要设定良好的标准进行分析和评价
2. 确定岗位点数	根据岗位评价的结果，确定岗位应得到的点数	岗位点数一般是确定的，要严格根据岗位分析和评价进行设置
3. 确定员工总点数	通过综合评价得到员工个人点数和加分点数。再结合岗位点数计算总的点数	计算总点数的时候，不要忘记个人加分点数
4. 确定点值	根据行业水平和企业行业地位进行点值设置。企业可以设置固定点值，也可以根据部门效益的不同设置固定加浮动点值	点值的设置还要考虑到企业的成本问题，企业要根据自身规模和发展速度进行岗位数量安排
5. 计算薪点工资	根据员工个人取得的总点数和点值计算薪点工资	薪点工资的设置和计算更能显示个人岗位的绩效酬劳，如果有偏差，要及时根据企业实际运营情况进行修正

图5-3　岗位薪点工资制的操作步骤

2. 基于技能的薪酬模式

技能工资制是一种以员工的技术和能力为基础的工资制度。它根据员工的个人技术能力提供工资。只有确定员工达到了某种技术能力标准以后，才能对员工提供与这种能力相对应的工资。技能工资主要构成为内容见表 5-8。

表 5-8　　技能工资主要构成

<table>
<tr><th>构成</th><th colspan="2">内容说明</th></tr>
<tr><td>技术工资</td><td colspan="2">技术工资是以应用知识和操作技能水平为基础的工资，它的基本思路是根据员工所持有的证书或培训所证明的技术水平支付工资，而不管这种技术是否在实际工作中被应用</td></tr>
<tr><td rowspan="2">能力工资</td><td rowspan="2">能力工资主要适用于企业的专业技术和管理人员，这种工资给予的标准比较抽象，而且与具体的岗位联系不大。比如，员工的一般认知能力、特殊能力或创新能力等，甚至于员工的人品、个性都可以成为判断能力高低的标准</td><td>1. 基础能力工资
基础能力工资是指员工胜任某一岗位的工作任务所应具备的能力。基础能力工资制通常采用工作岗位分析的方法进行设计</td></tr>
<tr><td>2. 特殊能力工资
例如，以某类岗位人员核心竞争力为基础确定的工资。所谓的“核心竞争力”不是指企业在某些产品或某一市场上的竞争力，而是指企业在某种科技或管理方面的竞争力，这种能力使企业具有某种竞争优势</td></tr>
</table>

3. 基于绩效的薪酬模式

绩效工资制是一种根据员工工作绩效发放工资的工资制度。它建立在企业对员工绩效进行有效评估的基础上，关注的重点是工作的“产出”，如销售量、质量、利润额及实际工作效果等，是一种以员工的实际劳动成果确定员工工资的工资制度。在人力资源管理工作中，工资管理和绩效管理并不能独自战斗，在工资管理中，绩效管理发挥着非常重要的作用，因此，也就产生了绩效工资。绩效工资制把员工工资与可量化的业绩挂钩，将激励机制融入企业目标和个人业绩的联系之中，同时工资向业绩优秀者倾斜，以激励员工提高生产效率、节省生产成本。

绩效工资制的特点有 3 个方面。

（1）员工工资与可量化的业绩挂钩，将激励机制融入企业目标和个人业绩的联系之中。

（2）工资向业绩优秀者倾斜，提高企业效率，节省工资成本。

（3）绩效工资占总体工资的比例较高，员工工资中浮动部分比较大。

绩效工资制操作一般可划分为制定绩效考核目标、设计业绩评估要素、选择评估方式、初步制定绩效工资制、调整和完善 5 个步骤进行。具体如图 5-4 所示。

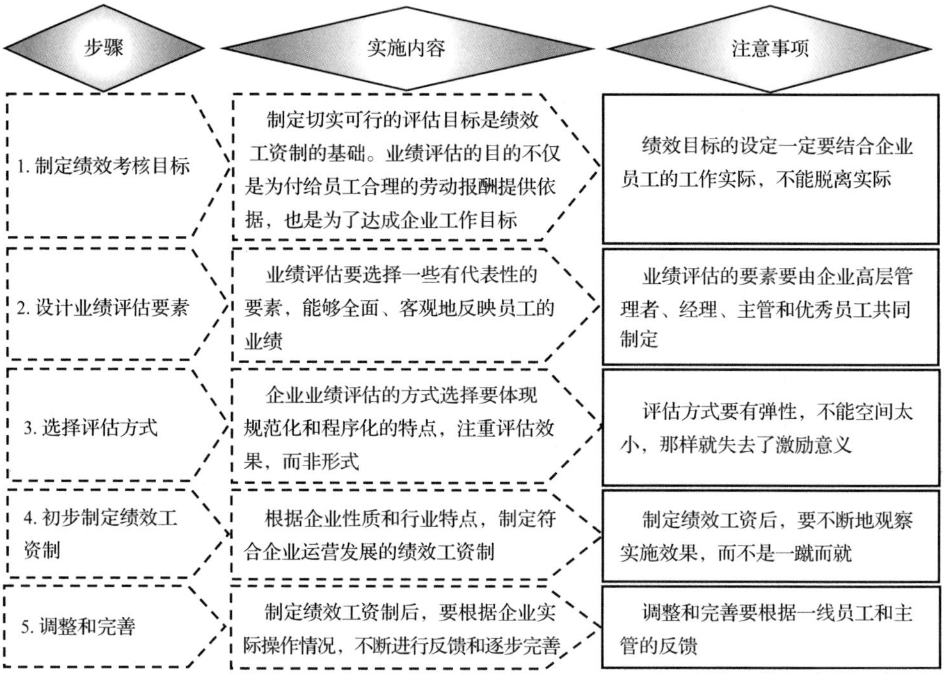

图 5-4　绩效工资制的操作步骤

（二）薪酬模式选择

不同类型岗位的工作有各自的特点，各种薪酬模式也各有利弊，组织在选择薪酬模式时，需结合组织发展需要、各类岗位的特点等因素来确定，其中涉及岗位特征、工作特征等内容则离不开工作分析。

二、工作分析与薪酬结构设计

薪酬结构的设计是薪酬管理工作中的重要一环。组织设计出合理、有竞争力的薪酬结构是吸引人才、激励人才、留住人才的重要管理方式。

组织的薪酬结构可以划分为基于职务的薪酬结构和基于员工的薪酬结构。其中，以职务为导向的薪酬结构设计必须以工作分析为基础。以职务为导向的薪酬结构设计流程能很清晰地说明这一点，具体内容见表 5-9。

表 5-9　以职务为导向的薪酬结构设计流程

步骤	内容说明
工作分析	收集有关岗位的信息，进行工作分析
编写工作说明书	整理、分析所收集的信息，编制工作说明书
岗位价值评估	对岗位进行评估，即工作评价
内部薪酬结构设计	根据岗位评估结果，构建职务等级结构

薪酬水平的高低，直接影响到员工工作的积极性，组织应如何制定合理的薪酬标准呢？岗位分析通过对各岗位在工作任务、所需的技能以及岗位的相对价值等方面的评估，建立起各类不同岗位之间的相对价值体系，并在此基础上建立适合本组织的薪酬体系。

第五节　工作分析工作评估

一、工作分析工作评估的含义

工作分析在企业管理中的作用是非常明显的，工作分析是一个过程，工作分析工作评估不是针对工作分析的结果进行评估，而是对工作分析全过程进行评估。

二、工作分析工作评估的内容

工作分析工作评估的指标体系包括以下 8 项内容。

（一）工作分析需求评估

工作分析需求评估是指评估工作分析是否必要的过程，是决定整个工作分析工作是否有效的起点。

工作分析需求评估从组织、任务和人员 3 个方面进行分析。

1. 组织分析

组织分析首先要分析企业战略导向，即明确企业的经营战略与管理重点，保证工作分析能够获得足够的预算支持；其次是分析管理者和员工对工作分析的支持程度，确保获得管理者和员工对工作分析工作的支持。

2. 任务分析

任务分析只分析当前或将来一段时间内对企业发展起到决定作用的工作岗位是哪些，且该岗位各项任务的重要程度。

3. 人员分析

员工是否支持工作分析工作的开展，是否愿意提供详细的工作信息和要求是工作分析工作顺利开展的关键。企业可以通过培训动员，向员工讲清楚工作分析的重要性，在此基础上，工作分析人员可以准确地制订工作分析工作方案。

（二）工作分析工作目标评估

工作分析工作的目标是指工作分析是为什么而做。精准的工作分析工作目标可以让工作分析人员和员工知道自己该做什么。企业应制定具有确切性、可检测性和可衡量性的工作分析工作目标。

（三）工作分析工作组织与实施评估

工作分析工作目标确定后，企业要有详细的工作分析开展计划并组织实施。工作分析开展计划必须要有专门的部门负责组织实施，企业各级管理者应密切配合，协调好各部门之间的关系，做到不因产生矛盾而使工作分析工作停滞。工作分析工作的组织实施情况应考虑工作分析工作的预算和工作分析的适用性。

（四）工作分析过程的评估

工作分析开展的每一个过程阶段中都不能忽视对其有效的控制和评估，保证其按计划方案执行，并达到预期的效果。

在准备阶段，工作分析的任务和对象是否明确；在计划阶段，工作分析的方案是否可行，期限是否合理，成本是否合理，信息来源的渠道是否畅通，选择收取资料的方法是否有效、可行；在工作分析调查阶段，是否完整、有效地分析了企业中的工作相关信息；在工作分析描述阶段，描述的内容界定是否明确、详细，语言是否通俗易懂、无歧义，是否与岗位工作息息相关；在工作分析结果应用阶段，工作分析的结果应用时是否能发挥信息提供的作用。

（五）工作分析结果评估

工作分析结果直接体现工作分析工作的真正效果，在工作分析整个过程结束后，企业要对其分析分结果进行评估。工作分析结果体现为工作描述书、工作规范和工作说明书，因此主要针对这 3 项结果进行评估。

（六）工作分析成果转化评估

工作分析工作是服务于人力资源管理职能的，其真正价值的体现要看它的应用效果，所以要对工作分析成果转化进行评估。

（七）工作分析中长期评估

中长期评估一般在工作分析工作结束之后半年或一年进行，可以检验工作分析对人力资源管理中的招聘甄选、员工培训、绩效管理、薪酬体系设计等各个方面是否发挥作用。

（八）工作分析总结和归档评估

总结和归档是工作分析的后续管理工作，是开发人力资源、分析工作分析需求、总结工作分析工作成果、控制工作分析成本、提高工作分析工作质量、进行员工职业生涯设计等的重要依据。这是评估工作分析文件资料保存的完整性以及工作分析文件的动态维护的过程。

三、工作分析工作评估的方法

工作分析工作评估的方法主要有信度评估、效度评估、应用性评估和实用性评估。

（一）信度评估

信度（Reliability），是指使用相同研究技术重复测量统一研究对象时得到相同研究结果的可能性。对于工作分析系统而言，信度就是重复使用某种工作分析系统分析同一工作，是否能够得到同样的结果。

信度一般多以内部一致性表示该测验信度的高低。信度系数越高即表示该测验的结果越一致、稳定。系统误差对信度没什么影响，因为系统误差总是以相同的方式影响测量值的，因此不会造成不一致性。反之，随机误差可能导致不一致性，从而降低信度。信度可以定义为随机误差R影响测量值的程度。如果R=0，就认为测量是完全可信的，信度最高。

1. 信度的测量

组织应该重视对工作分析系统信度的测量，最常用的测量信度的方法主要包括再测信度、评分者一致性信度和内部一致性信度等。

（1）再测信度（Test-retest Reliability）

再测信度反映的是以同样的测评工具和方法在不同的时间、测量同样的对象时所获得的测评结果之间的变异程度，通常用两种评定之间的系数表示。为了使第一次测量的记忆对第二次测量产生的影响减至最低限度，通常两次测量要相隔较长时间。这种信度的相关系数应为0.70或更高。

（2）评分者一致性信度（Inter-rater Reliability）

评分者一致性信度表示的是两个评定人分别评定同一对象时所得到的两组数据之间的相关程度。由于不同的评定人对被评定对象有某种不同的看法，因此，其间的相关程度要比同一评定人做出的两组评定之间的相关程度低一些。评分者之间的相关系数至少应为 0.60。

（3）内部一致性信度（Internal Consistency Reliability）

内部一致性信度适用于衡量系统中反映同一因素的几个或多个项目之间的一致性。常用的分析方法是项目拆半分析和 α 系数分析，内部一致性信度可接受的最低相关系数为 0.80。

2. PAQ 信度分析

麦科米克指出了对 PAQ 评分者一致性信度的测量方法，即由一对工作分析人员分别独立分析同一份工作，且独立完成对 PAQ 的评定，然后利用统计手段计算他们关于 PAQ 中 189（194）个要素评定结果的相关系数，再将多对工作分析人员分析后得到的相关系数综合，即可得到 PAQ 的此类信度系数。

珍妮特根据此方法利用 PAQ 分析 303 份工作，得到的信度系数都处于 0.80 以上，有的甚至达到了 0.90。麦科米克还分析了不同类型人员进行工作分析分别能达到的一致性信度。

其中，不同类型的人员包括两位工作分析专家的组合、一位工作分析专家和一位主管的组合、一位工作分析专家和一位任职者的组合以及一位主管和一位任职者的组合。他们同时分析同一份工作，最终得出相应的信度系数。

另外，也有许多研究对 PAQ 的再测信度进行了测量，测量结果都达到了 0.70 以上或 0.80 以上。当参与分析的人员是任职者、主管或者独立的工作分析专家时，再测信度的结果趋于稳定，尽管任职者和他们主管对要素的评定普遍高于独立的工作分析专家。

PAQ 中工作维度的一致性也通过比较不同的工作分析专家独立分析同一工作得到的各维度的分值得到测量，这样的信度系数平均在 0.60 以上，具体数值依赖于所采用的计算方法。

3. JEM 信度分析

利用 JEM 对工作进行评价是完全建立在主题专家小组成员（SMEs）对工作进行观察的基础之上的，因此，增加观察的次数将有利于提高 JEM 的信度。

在将近 50 项研究中，研究者从不同的角度对单个人之间的评价结果进行分析，结果是如果单个评定者分别评定，他们之间的一致性很低，相关性的平均值仅为 0.47，如果引入斯皮尔曼-布朗（Spearman-Brown）公式，两个评价者之间的信度仍然为 0.47。

普里莫夫在一项研究中组织了 34 位来自不同企业的人员对电话接线员进行分析。之所以选择接线员作为分析的对象是因为该工作稳定性较强，而且使用工具单一。研究者随机抽取了 12 位人员，组成两组主题专家小组，每组 6 人，分别利用 JEM 对该工作进行评定；然后对结果进行统计分析，得出两组结果之间的相关性为 0.84。

当两组成员分别增加为 8 人时，分析结果相关性为 0.88；当增加为 10 人时，相关性为 0.90；增加为 12 人时，相关性为 0.91。也就是说，单个人利用 JEM 进行工作分析时信度很低；而当由 6 个人或更多人组成主题专家小组进行分析时，信度便能达到可接受的范围。

4. TTA 信度分析

对 TTA 信度的研究并不多。典型的是洛佩斯分析了 TTA 的评分者一致性信度。他组织若干工作分析专家对 100 个工作进行分析，每分析一个工作，都把工作分析专家分为两组，然后比较他们对每一个特质的评定。在分析了 100 个工作后，经过斯皮尔曼-布朗公式修正到两个评价者的水平，得出平均的评分者一致性信度系数为 0.86（最低为 0.74、最高为 0.93）。

（二）效度评估

效度（Validity）是指测量在多大程度上反映了所要测量内容的真实含义，对于工作分析系统而言，就是指某工作分析系统能在多大程度上真实地反映被分析工作的内容以及工作对任职者的要求。

效度具有相对性和连续性的特征。首先，效度具有相对性。任何测验的效度是对一定的目标来说的，或者说测验只有用于与测验目标一致的目的和场合才会有效。在评价测验效度时，必须考虑效度测验的目的与功能。其次，效度具有连续性。测验效度通常用相关系数表示，它只有程度上的不同，而没有“全有”或“全无”的区别。效度是针对测验结果的。

1. 效度的测量

测量效度的常用方法主要包括内容效度、构念效度和效标关联效度等。

（1）内容效度（Content Validity）

内容效度反映测量在多大范围内包含了概念的含义，比如，测量是否涵盖了欲测对象的所有成分。

（2）构念效度（Construct Validity）

构念效度的基础是变量间的逻辑关系，即用来测量构念的变量与构念本身的一致程度。

（3）效标关联效度（Criterion-related Validity）

效标关联效度是指测评结果与某种标准结果的一致性程度。根据效标结果与测量结果获得时间的相同与否，可以分为同时效度（Concurrent Validity）和预测效度（Predictive Validity）。同时获得的，称为“同时效度”；效标结果后获得的，即为“预测效度”。

2. PAQ 效度分析

PAQ 工作分析系统，通过收集关于任职者工作行为的信息分析任职人员需要具备的各项能力。那么，PAQ 能否应用它的维度和要素准确分析出任何一种工作对任职者的要求是效度分析要解决的问题。研究者们侧重于应用效标关联效度对 PAQ 的有效性进行分析。

麦科米克运用美国就业服务机构开发的常规能力题库分析了 PAQ 的效度。GATB 包括 9 套反映 9 种能力的试题，如图 5-5 所示。

麦科米克将 PAQ 的维度与这 9 种能力进行匹配。研究者选取了 163 种工作作为研究样本，利用 PAQ 对每种工作进行分析；并邀请每种工作的多名称职任职者参加 GATB 的测试。研究者指出，如果某工作的称职任职者在某项能力上平均分较高，表明该工作需要此项能力较强的人员担任才能取得好的绩效，反之亦然。

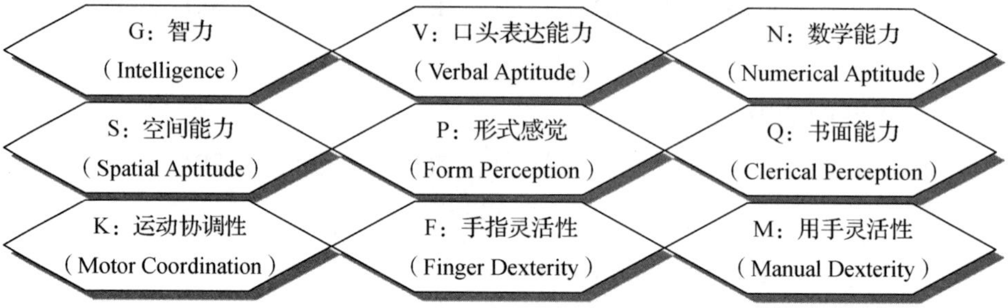

图 5-5　GATB 试题所反映的 9 种能力

3. JEM 效度分析

国际人事管理协会手册在阐述工作分析系统的内容效度时指出，工作分析系统是少数几个被公认为能获得较高内容效度的工作分析系统之一。哈恩等人用问卷的形式，从 13 个方面对 JI、CIT、ARS、JEM 和 PAQ 等工作分析系统进行了评估，其中内容效度适宜性（Suitability for Content Validity）方面，JEM 的得分最高。莱文等在对人员甄选专家进行调查以对比分析工作分析系统时，同样也得出结论：为获得高内容效度，JEM 是最有效的方法。

JEM 的内容效度高是指通过 JEM 得到的分析结果能比较全面地反映该工作对任职者提出的要求，包括最低的任职要求以及优秀员工应达到的要求等。莱文认为 JEM 的高内容效度是与它特有的开放性分不开的。

研究者们对 JEM 的效度研究侧重于对效标关联效度的研究。他们通过效标关联效度考察用 JEM 筛选出来的子要素的准确性以及子要素定义的准确性，也就是说，通过某种效标考察是否那些达到子要素要求的员工就能取得可接受的工作业绩。通常研究者都通过反推形式证明，即考察已经取得可接受（或优秀）业绩的员工是否在子要素描述的方面有过人之处。

4. TTA 效度分析

TTA 工作分析系统通过分析任职人员的 33 个特质了解工作以及工作对人员提出的任职要求。TTA 有效性的分析首先面临的问题便是对每个特质构念效度的分析，即特质的称谓是否能够准确代表需要它代表的含义。研究者对这方面的研究都得到了正面的结论，即对这些特质的评估确实能够准确地预测特质所代表的要求。

德罗哥斯通过 7 种甄选测试验证了“智力的”以及“学识的”两类特质的构念效度，每种测试与特定特质相对应。他们组织在 18 种制造型岗位上工作的 561 名任职人员参与了这 7 种测试。

研究结果显示，每种测试的平均得分与对应特质在工作分析中所得到的得分呈相关关系，相关系数的中位数为 0.51，测试的成绩也与主管对任职人员的绩效评价显著正相关，这说明对于工作分析结果显示某特质需要高水平的工作，它的任职人员恰巧在相应测试中的得分也明显高于不需要这种高特质的岗位上的任职者，从而证明 TTA 的特质是有效的。

（三）应用性评估

1. 工作分析应用范围

服务于人力资源管理的某项或某几项职能是进行工作分析的主要目的。工作分析是组织管理中的一项基础性工作，职务分析问卷的分析结果可以应用到人力资源管理的多个领域。以下是工作分析的 10 个应用范围。

（1）工作描述（job description）。对工作职责、权责、范围等的描述。

（2）工作分类（job classification）。按照一定的标准将类似的工作进行分类，以便于对不同类型的工作采取不同的管理策略。

（3）工作评价（job evaluation）。薪酬确定的基础，确定组织中各个工作的相对价值。

（4）工作设计（job design）。将原有工作所包含的工作任务聚集在一起，根据工作任务的难易程度或内容进行重新组合。

（5）人员录用（personnel requirement）。包括人员招聘、甄选、配置等。

（6）绩效评估（performance appraisal）。对员工取得的绩效进行评价。

（7）人员培训（worker training）。主要表现在确定人员培训需求方面。

（8）人员流动（worker mobility）。对组织而言，主要是为员工设计职业生涯，并为员工职业生涯发展提供通道，便于他们向适合的岗位流动。

（9）工作效率（efficiency）。工作职责范围明确、人事匹配无疑能提高工作效率。

（10）人员规划（workforce planning）。确保合适的人在合适的时间地点做合适的事情。

2. 工作分析应用性系统比较

莱文等人通过对93位资深工作分析专家的访谈，利用五分量表对FJA、TIA、CIT、PAQ、JEM、TTAS等多种工作分析系统的应用范围上的有效性进行了评估。工作分析应用性系统的评估结论见表5-10。

表5-10　　工作分析应用性系统比较

序号	应用范围	具体比较结论
1	在工作描述方面	工作导向性的工作分析系统要优于人员倾向性的工作分析系统，其中TIA和FJA在工作描述方面的有效性要显著高于其他系统
2	在工作分类方面	仍然是TIA和FJA高于其他分析系统，而CIT被认为在工作分类上的有效性显著低于其他工作分析系统
3	在工作评价方面	PAQ、FJA和CIT显著优于其他分析系统
4	在工作设计方面	CIT和FJA要优于其他分析系统。PAQ的得分显著高于JEM、CIT，但并不显著高于TTAS
5	在人员录用方面	JEM和TTA有明显的优势
6	在绩效评估方面	CIT的作用显著高于其他所有工作分析系统，因为它对于确定工作的关键业绩领域有很大的帮助
7	在人员培训方面	TIA和PAQ不如其他工作分析系统
8	在人员流动方面	TIA和FJA应用比较有效，而CIT的作用相对于其他工作分析系统较低
9	在工作效率方面	工作倾向的工作分析系统优于人员倾向的工作分析系统
10	在人员规划方面	TIA和FJA的作用较大

(四) 实用性评估

1. 工作分析实用性测量

工作分析系统的实用性是指运用某种工作分析系统进行工作分析的可行性与难易程度。组织的研究人员通常可以从以下 8 个方面对工作分析系统的实用性进行考察。

(1) 职业适用的广泛性 (Occupational Suitability), 即工作分析系统所适用的职业范围。

(2) 被调查者接受的难易程度 (Respondent/User Acceptability), 即工作分析系统, 包括信息收集的要求和分析结果的形式, 是否容易被被调查者或者系统的使用者所接受。

(3) 工作分析人员学习使用该方法所需要的培训 (Amount of Job Analyst Training Required), 工作分析人员需要多长的培训时间才能独立操作该工作分析系统。

(4) 可操作性 (Operational), 即工作分析系统是否经过了足够的提炼和检验, 使它在当前的条件下就能操作。

(5) 所需样本的规模 (Sample Size), 该工作分析系统需要多大规模的被调查者或者信息提供者才能获取足够的信息进行准确的分析。

(6) 可即时使用性 (Off-the-Shelf), 该工作分析系统是否可即时使用还是需要经过个性化修改才能用来分析特定的工作。

(7) 成本花费 (Cost), 运用该工作分析系统大约需要多少成本? 这里所指的成本包括材料费用、培训费用、咨询费用、人工成本等。

(8) 时间花费 (Time to Completion), 运用该工作分析系统从收集信息到得到最后的结果需要多长时间。

2. 工作分析实用性系统比较

对工作分析系统实用性的对比研究, 典型的是阿什和霍尔的研究。他们同样通过问卷的形式对 90 多位工作分析专家进行了调查, 问卷也采用五分量表。工作分析实用性系统的比较结论见表 5-11。

表 5-11　　工作分析实用性系统比较

序号	实用范围	具体比较结论
1	职业范围	对于职业范围和被调查者接受的难易程度，专家们认为 TIA 和 FJA 适用的范围稍广于其他几种工作分析系统
2	被调查者接受的难易程度	
3	分析人员培训	各工作分析系统之间没有明显的差异
4	可操作性	PAQ、TIA 和 FJA 相对而言比较易于操作
5	所需样本规模	PAQ、JEM 和 FJA 所需要的样本量相对较少
6	可即时使用性	PAQ 的得分最高，说明相对其他工作分析系统，PAQ 的即时使用性最高。CIT 被认为最不具有即时使用性。其他工作分析系统之间没有显著的差异
7	成本花费	专家们认为 PAQ 耗费的成本相对最低，TIA 要耗费较高的成本，其他工作分析系统的成本花费没有显著差异
8	时间花费	PAQ、TTAS 花费的时间相对其他系统较少，TIAS 和 CIT 需要花费较长的时间才能完成

本章自测题

1. 工作分析的结果在组织的招聘管理工作中是如何被应用的？
2. 进行培训需求分析时，哪些地方会涉及工作分析的内容？
3. 简述工作分析在绩效管理中的运用。
4. 浅谈工作分析在薪酬管理中的应用。

第六章　定岗定编

学习目标

- ➢了解岗位分类的知识
- ➢知晓定岗的原则
- ➢明确定岗的依据
- ➢掌握定岗的方法
- ➢知晓定编的依据与影响因素
- ➢掌握定编的方法

引导案例

AQ 公司是一家机械制造企业，随着公司人员的增加，公司管理层发现经营成本大幅增加，可生产效率却很低。于是，公司管理层决定聘请当地一家知名的咨询公司协助解决这一问题。

经过咨询团队对 AQ 公司的现状调查与分析，发现该公司目前存在以下 3 大问题。

1. 工作饱和度不高，对此，可以进行合并减编。
2. 忙闲不均衡，有的部门极忙，有的部门却很闲。

3. 配套设施不到位，如管理不配套、技术不配套、供应不配套等严重影响了工作的效率。

根据调查的结果，咨询人员对该公司的管理提出了一系列的改进建议：有的部门侧重编制调整；有的部门进行岗位的优化与设计定岗的优化；有的岗位对工作频次进行调整；有的岗位增加相应职能；等等。咨询公司之后据此制定出了细化的实施方案。

根据咨询公司设计出的方案，该企业缩减了十几个岗位，人员也减少了二十多人，各部门的工作效率也得到了大幅度的提升。

第一节 定 岗

一、定岗的概念

定岗定编中的“定岗”即岗位设置。岗位设置要根据组织的目标、实际工作需要及工作任务进行，按照工作性质、工作任务、工作量的大小、所需要的专业知识和业务能力的要求等确定不同的岗位。

二、岗位的分类

开展岗位分类首先要依据一定的方法进行岗位调查，确定分类标准（岗位的横向和纵向分类）和岗位评价，具体的内容如图 6-1 所示。

（一）岗位的横向分类

岗位的横向分类是指按照岗位的工作性质及特点，将它们划分为若干类别。工作岗位横向分类的原则、步骤与方法见表 6-1。

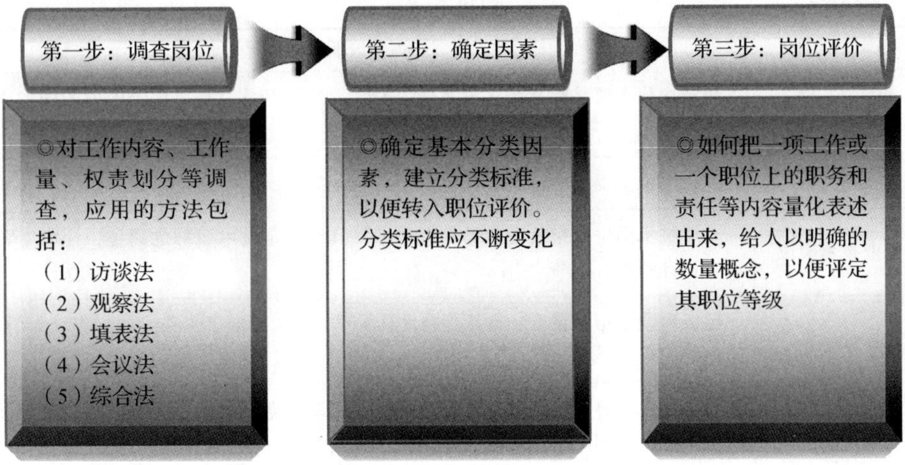

图 6-1　岗位分类的步骤

表 6-1　　工作岗位横向分类的原则、步骤和方法

岗位横向分类	内容
原则	（1）岗位分类的层次宜少不宜多，一般单位应控制在两个层次以下，比较复杂的大型企业单位最多也不宜超过三个层次 （2）直接生产人员岗位的分类应根据企业的劳动分工与协作的性质与特点来确定；而管理人员岗位的分类则应以它们具体的职能来划分 （3）大类、小类的数目多少与划分的粗细程度有关，组织在分类粗细方面，应以实用为第一原则，不宜将类别划分得过细。在具体操作中，可通过控制类别的数目来限制划分的粗细程度
步骤	（1）将企业单位内全部岗位，按照工作性质划分为若干大类 （2）将各部门内的岗位，根据工作性质的异同继续进行细分，将大类细分为中类，把业务相同的工作岗位归入相同的职组 （3）将同一职组内的岗位再一次按照工作的性质进行划分，即将大类下的中类再细分为若干小类，把业务性质相同的岗位组成一个职系
方法	（1）按照岗位承担者的性质和特点 例如，某公司将本企业的全部岗位分为直接生产人员岗位和管理人员岗位两大类，然后，再按照劳动分工的特点，将这两大类划分为若干中类或小类 （2）按照岗位在企业生产过程中的地位和作用 例如，某电器公司将全部岗位分为生产岗位、技术岗位、管理岗位、市场营销和供应服务五大类岗位，对每一大类又细分为若干小类

按照工作性质的不同，一般将岗位分为不同的类型。常见的有以下 7 类，具体内容见表 6-2。

表 6-2 岗位分类

岗位类别	类别说明
生产岗位	生产岗位主要是指直接从事制造、安装、维护以及为制造提供辅助工作的岗位
执行岗位	执行岗位主要是指行政或者服务性工作岗位
专业技术岗位	专业技术岗位是指负责各类专有技术并具有一定技术职称的岗位，比如工程师、设计师等
监督岗位	监督岗位是指各督查、审计等岗位，主要从事执行监督工作，比如审计部门、监察部门等
管理岗位	管理岗位主要是指从事行政管理、业务协调、党群关系管理的部门。管理岗位的主管或者部门经理或者负责人的职责是管理一个小的单位，负责协调各种关系
决策岗位	决策岗位主要是指公司的高级管理层，比如企业的总裁、总经理、副总经理或分管各个业务的总监等
工勤岗位	工勤岗位主要是指从事后勤保障服务工作的岗位

（二）岗位的纵向分类

岗位纵向分类是指按照岗位的责任大小、技能要求、劳动强度、劳动环境等指标对岗位进行分类。岗位纵向分级的步骤如下。

1. 岗位排序，划分岗级

（1）分别将每一个职系中的岗位，按照业务工作的繁简难易程度、责任大小以及所需人员资格条件等因素，进行分析和评价。

（2）对岗位按照一定的顺序进行排序，将相近相似的岗位划分为同一岗级，直至将全部岗位划分完为止。

由于各个职系的工作性质和特点不同，岗位数目也不相同，所以各个职系里划分岗级的多少也是不等的。

2. 分析比较，统一岗等

（1）在岗级划分的基础上，根据岗位工作的繁简难易程度、责任大小和所需人员资格条件等因素，对各职系的岗级进行横向的分析比较。

（2）将它们归入统一的岗等内，从而使不同职系、不同岗级的岗位，纳入一个由岗等、岗级与职系组成的三维岗位体系之中。

组织可根据自己的实际情况，对岗位进行分类。表 6-3 是一家生产制造企业的岗位设置情况表。

表 6-3　　某生产制造企业岗位设置情况表

岗位类别		工作内容简介	职位示例
管理类	决策管理	决定企业发展战略方针/规划	总裁、总经理
	经营管理	执行企业战略	各部门经理
	行政管理	负责企业人事、行政工作	人力资源部经理 行政部经理
	生产管理	生产计划的安排、产品的质量管理	生产部经理 质量管理部经理
	供销管理	企业销售、采购工作	采购经理
	财务管理	成本费用核算、财务报表的编制、税费缴纳、资产的管理	财务经理 会计
专业技术类	技术开发	提高企业生产技术水平	技术员
	产品设计	产品外观设计、模型制作及产品包装设计	设计人员
	质量检测	企业质量体系的建立，提升企业产品质量	质检工程师
	设备维修	生产设备的维护与检修	高级技工
工勤类	餐饮部	负责企业员工的饮食	厨师
	保安部	负责企业的治安保卫和消防安全工作	保安

三、定岗的原则

定岗需遵循以下原则。

（一）因事设岗原则

1. 从“厘清该做的事”开始，“以事定岗、以岗定人”。

2. 设置岗位既要着眼于组织现实，又要着眼于组织发展；按照组织各部门职责范围划定岗位，不应因人设岗；岗位和人应是设置和配置的关系，不能颠倒。

（二）最低数量原则

进行岗位设置时，从组织实际需要出发，明确设置的岗位在组织中的作用，以尽可能少的岗位来承担尽可能多的工作职责。若设置一个岗位就可满足需要的，决不设置额外的岗位、聘用额外的人员。

（三）有效配合原则

根据组织的目标和任务，将组织的总目标及总任务层层分解到各个部门、岗位及人员，并明确各自的职责。在岗位职责中，还应进一步明确哪些内容是“主要责任”和“部分责任”，哪些只是协助性、辅助性的工作，以达到有效配合、实现组织的目标。

（四）责权统一原则

岗位设置除要明确各岗位的职责外，还需赋予其履行职责需要的权限，保证职责、权力相统一。

（五）有效管理幅度原则

管理幅度是指组织中上级主管能直接有效地指挥和领导下属人员的数量。在设置岗位时，要设计一个合适的管理幅度，保证组织的有序运行。

（六）客户导向原则

客户导向原则就是应该满足特定的内部和外部顾客的需求。

如为某企业人力资源部进行岗位设置：该企业是一家民营科技企业，有人员 100 多人，其人力资源部的主要职责有以下几项。

1. 根据企业的战略规划，制定企业人力资源规划。
2. 制定企业规章制度。
3. 企业人员招聘。
4. 人员培训与开发。

5. 薪酬管理。

6. 绩效管理。

归纳起来，人力资源部的基础工作有四项：人员招聘、培训开发、薪酬管理及绩效考核。在进行岗位设计时，根据实际情况，可以设置 5 个岗位：人力资源部经理、招聘专员、培训专员、薪酬专员、绩效考核专员。也可以根据最低数量原则设置 4 个岗位：人力资源部经理、招聘专员、培训专员、薪酬与绩效专员。

四、定岗的依据

组织的定岗工作首先要根据本单位的实际情况，同时考虑组织的业务流程、员工能力、客户需要和竞争对手的做法这 4 方面的情况，其依据可以参考如下内容。

（一）业务流程

业务流程是组织实现价值的过程，某一部门职责相同（即“事”相同），但由于流程的差异（即“做事”的方式不同），可能导致岗位设置不同。

（二）员工能力

岗位设置考虑怎样实现效率最优，但这种思路下的有些岗位设置只有“超人”才能胜任，因此定岗必须考虑员工能力水平。

（三）客户需求

客户需求对岗位设置产生影响，尤其是对于第三产业而言，快速响应客户需求越来越成为组织岗位设置的重要因素。

（四）竞争对手的做法

竞争对手的岗位设置是怎样的，这就是所谓的标杆法，竞争对手的岗位设置经验是可以参考与借鉴的。

五、定岗的方法

岗位是企业组织结构中最基本的功能单位，一个合理、顺畅、高效的组织结构是企业快速有序运行的基础。具体到岗位设置工作，可采用以下 4 种方法。

本节介绍 4 种定岗的方法，当然以下各种方法的运用并不是绝对的，而应该根据不同部门、岗位情况运用不同的方法，即实际中要对不同方法可以灵活运用和充分沟通。

（一）组织分析法

组织分析法是一个广泛的定岗方法，首先从整个组织的愿景和使命出发，设计一个基本的组织模型，然后根据具体的业务流程需要，设计不同的岗位。在这个项目中，组织设计和岗位设计占整个项目的大部分工作。组织分析法的优缺点及适用范围见表 6-4。

表 6-4　　组织分析法的优缺点及适用范围

组织分析法	内容
优点	◎能深入解决许多细节问题 ◎提供广泛的组织和岗位的设计 ◎能提交一个与公司长远战略一致的解决方案
缺点	◎这种方法适用组织具有明确的目标，并有长远的战略去实现这个目标 ◎岗位设计往往会过于复杂和具体 ◎需要组织内部高层的大力支持
适用范围	◎通常适用于大型组织的大范围重组项目

组织分析法有下面 3 个操作步骤。

1. 在总部和分支机构之间选择合理的管理模式，理顺其中的集分权关系。

表 6-5 显示了 3 种不同的管理模式对比。

表 6-5　　3 种不同的管理模式对比

管理模式	财务管理型	战略管理型	操作管理型
	分权———————————————————————集权		
总部与下属分公司的关系	以财务指标进行管理和考核，总部无业务管理部门	以战略规划进行管理和考核，总部一般无具体业务管理部门	通过总部业务管理部门对下属企业的日常经营运作进行管理
管理目标	（1）投资回报 （2）通过投资业务组合的结构优化来追求公司价值最大化	（1）组织业务组合的协调发展 （2）投资业务的战略优化与协调 （3）战略协同效应的培育	（1）各子公司经营行为的统一与优化 （2）组织整体协调成长 （3）对行业成功因素的集中控制与管理
总部的核心职能	（1）财务控制 （2）法律 （3）企业并购	（1）财务控制 （2）战略规划与控制 （3）人力资源	（1）财务控制/战略 （2）营销/销售 （3）网络/技术 （4）新业务开发 （5）人力资源

管理模式中，除授权方式之外，还应考虑总部服务实现的不同方式，如图 6-2 所示。

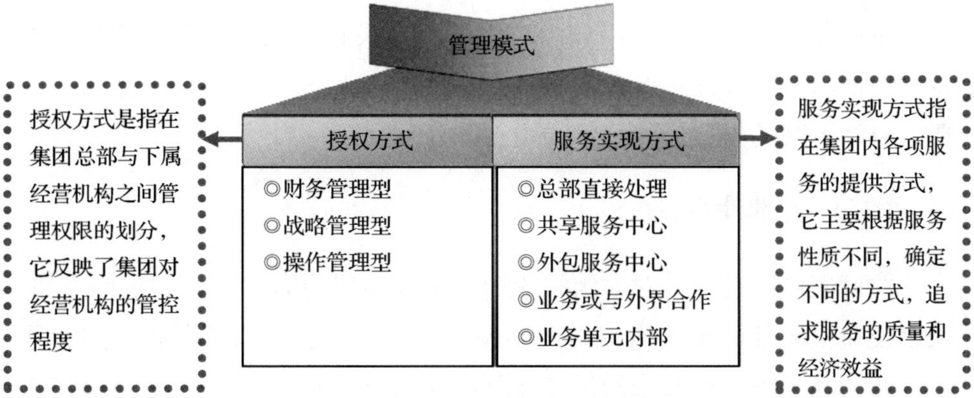

图 6-2　管理模式的不同方式

2. 对各主要职能进行分析，明确各部门的使命和关键职责。此外，还需要明确各职能、各层级之间在主要职责上的决策流程和汇报关系。

3. 在部门内部对职责、任务再进行细化分类，再分解到各个岗位上。

例如，公司市场部内工作可再划分为市场策划、市场调研、促销管理、品牌管理等，可设置为不同的岗位来具体实施，如图 6–3 所示。

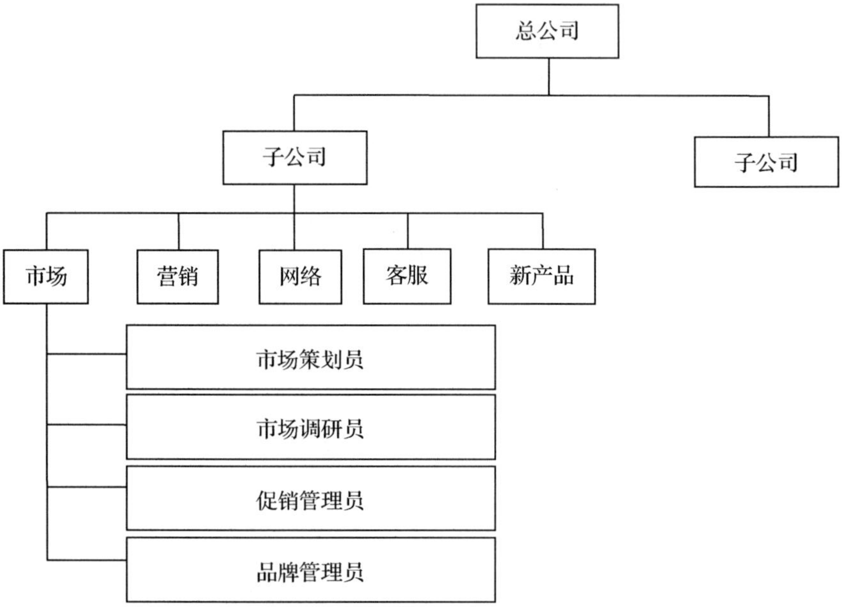

图 6–3　市场部的岗位设置

组织分析法是一种应用较为广泛的岗位设计方法。首先从组织的愿景和使命出发，设计一个基本的组织模型。然后根据具体的业务流程需要，设计不同的岗位。其示例如图 6–4 所示。

（二）关键使命法

关键使命法是仅针对对组织成功起关键作用的岗位的一种定岗方法。关键使命法通常适用于当因时间和预算限制，对整个组织的岗位设计不可行的情况。关键使命法的优缺点及步骤见表 6–6。

概括起来，关键使命法即根据已梳理的组织结构，分析各部门的关键业务和关键职责，明确需要设定的关键岗位。其示例见表 6–7。

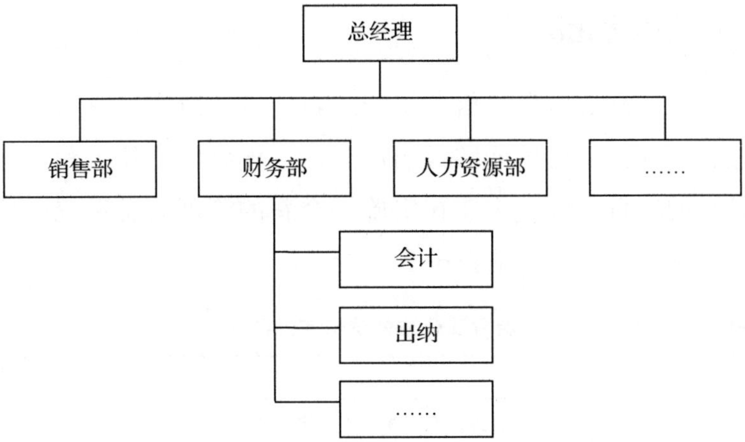

图 6-4　岗位设计示例

表 6-6　关键使命法的优缺点及步骤

关键使命法	内容
优点	◎注意力集中于关键岗位，可以用较少的投资得到较高的回报 ◎注意力集中于关键业务领域，可以确保得到业务利益 ◎这种方法可以比较灵活地用于不同的组织中
缺点	◎它不是一个综合的方法，有可能对岗位与岗位之间的衔接处理相对较差 ◎可能因为把整个组织的业务分成关键与非关键部分而造成组织内部的摩擦 ◎需要较丰富的专业知识对组织的需求有较高、深入的了解
步骤	◎根据已经梳理的组织结构，分析各部门的关键业务和关键职责，明确需要设定的关键岗位 ◎通过岗位分析，确定各关键岗位的核心角色，由此界定其主要职责

表 6-7　生产部岗位设置（部分）

部门关键职责	关键岗位
负责生产计划制订，确保计划的合理性	生产计划主管
组织生产技术改造，不断提升生产效率，监督生产按照工艺标准执行，保证生产作业的稳定性	生产技术主管
负责生产设备管理，确保生产设备正常运作	生产设备主管

（三）流程优化法

流程优化法是根据新的信息系统或新的流程对岗位进行优化。参与人员需熟悉流程，又必须能够跳出原有的、熟悉的工作流程。这种方法适用于较小的项目范围，主要在实施一个新的管理信息系统时应用。流程优化法的优缺点及要求见表 6-8。

表 6-8　　流程优化法的优缺点及要求

流程优化法	内容
优点	◎注重于新的管理信息系统对在岗者的影响 ◎服从于系统的要求，根据新的信息系统进行调整
缺点	◎并没有真正投入大量的资源进行岗位设计 ◎可能会导致较差的结果
要求	◎参与人员必须十分熟悉工作流程，否则很难提出改进意见 ◎参与人员必须能跳出原有的、已经习以为常的工作流程，否则也很难提出改进意见

这里介绍一个概念：流程重整，是指将“现有流程”重新整合成为适应组织未来发展的“未来流程”。两个流程的具体含义和作用如图 6-5 所示。

流程重整的实施步骤见图 6-6，要注意确定各主要业务流程的关键控制要点。此外，为了使流程合理、高效并达到目的，除对其结果进行控制之外，还需要对其过程中所历经的时间（T）、所花费的成本（C）和所可能产生的风险（R）进行控制，才能保证流程最终促成企业的关键成功因素的实现。因此，在对各主要业务流程进行分析时，应该主要从时间、成本、风险和结果 4 个方面，考虑是否需要对这些因素进行控制。

（四）标杆对照法

标杆对照法主要根据行业中有关服务或产品相近的组织的人员编制数据进行标杆分析，并根据分析结果进行人力资源预测的方法。因此，

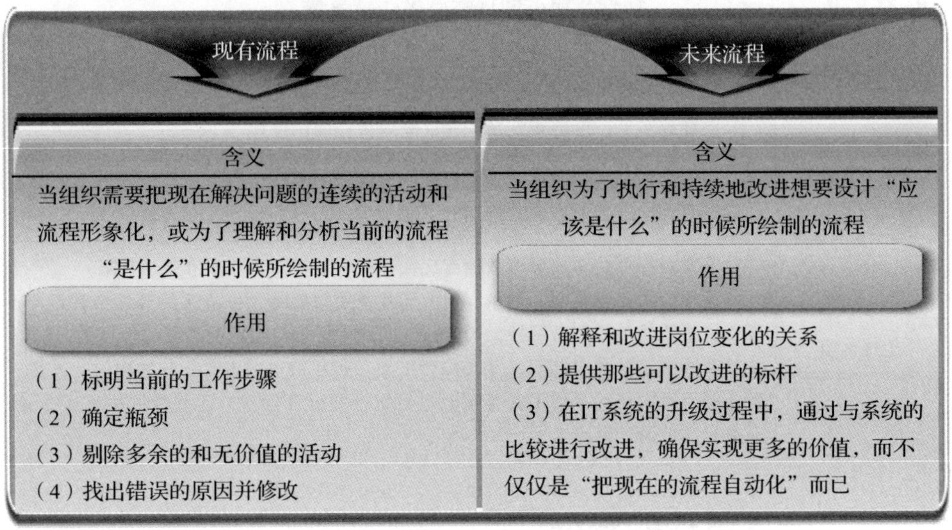

图 6-5　“现有流程”和“未来流程”的具体含义和作用

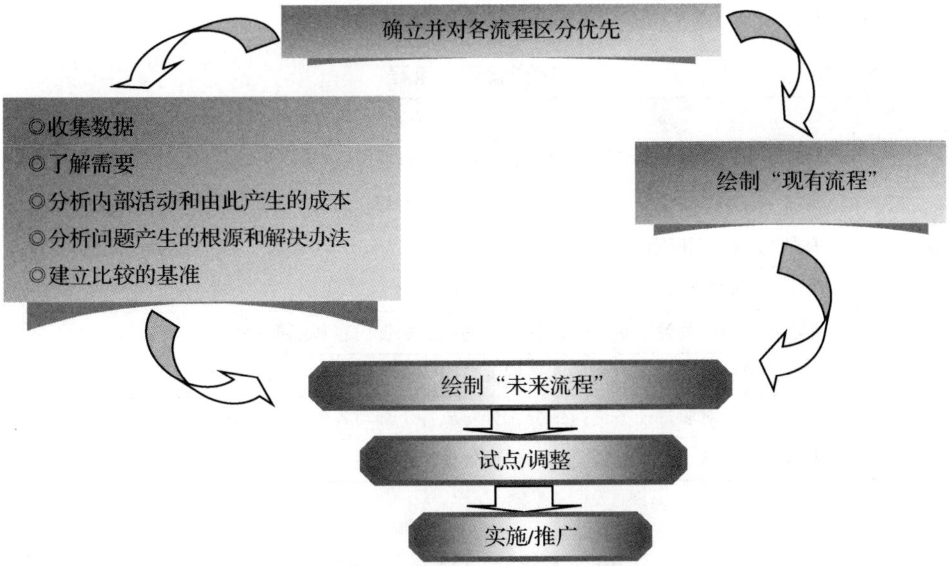

图 6-6　流程重整的实施步骤

标杆对照法的依据是本行业典型组织当前的岗位设置，基本假设是行业中的竞争对手是有可比性的。标杆对照法适用于不太精确的项目。标杆对照法的优缺点及注意事项见表 6-9。

表 6-9　　标杆对照法的优缺点及注意事项

标杆对照法	内容
优点	◎简单易行，可以由企业自身人员设计 ◎设计成本低，能够很快帮助企业完成工作岗位设计
缺点	◎照搬照抄，容易脱离本企业实际，造成新的混乱 ◎需要对标杆企业有比较透彻的了解
注意事项	◎需要对标杆企业或参考数据有比较透彻的了解，否则参考意义有限 ◎这种方法比较直观、简单，但由于各企业的战略、自身条件等总会有差异，所以也不能简单地照搬照抄，而应该在实践中根据自身情况不断进行调整 ◎有些国家的政府部门（如美国劳工部）每年对本国主要行业的岗位、人数、营业额及本岗位的平均工资等情况进行统计并公开发布，这些数据也可成为企业进行岗位设计的参考

六、定岗管理的流程

一般来说，组织开展定岗管理工作应按照以下流程分步进行，具体见表 6-10。

表 6-10　　定岗管理的流程

步骤	内容说明
1	明确组织的长期战略、盈利模式和年度业务目标
2	明确主要的工作流程，包括主要流程和辅助流程
3	依据组织战略和流程设计组织架构
4	明确组织的管控模式，界定上下级部门的权力
5	界定各部门的关键职责，明确各部门的主要职责内容和汇报关系
6	依据关键职责设计关键岗位，根据关键岗位设计辅助岗位和支持岗位
7	在部门内部对职责任务进行细分，分解成各个部门各个岗位详细的职责
8	依据工作环境、流程的变化对岗位设置进行再调整

第二节　定　　编

一、定编的概念

定岗定编是根据一定的程序和方法确定组织中的岗位、岗位编制和岗位任职要求的合称。上节所讲的定岗，是指明确企业（组织）所需要的岗位。本节所要讲述的定编，则是指明确企业需要多少适合企业发展的个人这一问题。

定编即合理地确定组织内部各类人员的数量以及它们之间的比例关系。定编又分为宏观定编和微观定编：宏观定编是指根据组织的战略发展目标，结合行业特点来确定组织的总体编制数量以及各类人员的比例关系，如管理人员、业务人员、行政人员等；微观定编是指确定各岗位的人员数量，主要用于各部门确定具体岗位人员的数量与结构。

二、定编的依据

组织定编的依据和定岗大致相同，也包括组织的战略和业务流程。此外，定编又依赖于具体的定责和定岗、岗位设置和人员构成的情况。

（一）定编的基本依据是组织的发展战略、业务目标

1. 发展战略

组织在特定的时期内要完成什么样的战略目标，指导着定编工作。

如果组织的战略目标不清楚，或者根本没有，组织里的一切工作都失去了方向和依据。但在实际工作中，又会经常遇到组织业务目标不明确或者明确但不科学的情况。在这种状况下，定编是无法进行的。即使开展定编工作，也是没有说服力的。

2. 业务目标

定编的目的是实现“人、岗、事”三者之间的合理匹配，以达到“人尽其才、才尽其用”。这里最重要的是首先要弄清楚组织要做的“事”，有了工作目标，然后才需要相应的岗和人来做。

（二）定编的具体依据是工作流程

仅仅明确了发展战略和业务目标，并不是说定编就能自动进行了。定编的具体设计，还需要理顺工作流程。前面提到的“人、岗、事”之间的匹配，其中“事”是基础，但做同样的“事”采用的流程可以是很

多的，不同的工作流程必然带来岗位设置的不同。

优化的流程可以给出最有效的岗位设置，而陈旧、没有优化的流程很容易造成岗位工作的低效率。因此，定编必然涉及的一项前提工作就是“流程优化”。如果能把优化流程中的关键环节找出来，设置成岗位，赋予其职责，并根据该环节的工作量配置相应的员工数，定编就能够做到科学合理。

（三）定编应从业务人员着手

组织的岗位数量是很多的，特别是生产（或服务）流程复杂的大组织更是如此。事实上，在这些岗位中，最重要的是直接从事经营的岗位，它们是组织生存发展的核心部分，定编应该首先把这些核心岗位搞清楚。总之，组织内各种岗位是具有一定比例关系的，定编应把握这些基本的比例关系：直接与非直接经营部门之间的比例关系、直接与非直接经营部门内部各种岗位之间的比例关系、管理岗位与全部岗位之间的比例关系。

三、影响的因素

岗位定编的影响因素可以归纳为岗位职责、劳动生产率、新的管理方式和新技术等，具体内容如下。

（一）岗位职责

准确来说，岗位职责包括岗位任务和岗位活动两个因素。一个组织的经营管理重点是不断变化的，岗位任务和岗位活动也随之变化，直接导致岗位工作所需人数的变化。

（二）劳动生产率

岗位职责只能界定岗位的价值和任务，但这不足以确定岗位编制，还必须明确每个岗位具体做什么、怎么做，劳动的生产率如何。

（三）新的管理方式和新技术

受新技术、新方法以及管理者观念、风格的影响，岗位的作业流程、工作方式等也会经常发生变化，导致岗位工作量的变动，岗位编制也必然随之改变。

四、定编的流程

定编的流程如图 6-7 所示，编制设置工作前首先是定编分析这一步骤，从微观分析到宏观分析的过程中，通过各部门影响因素的分析，提炼总结公司总体的主要定编影响因素；其次是通过确定影响部门定编的关键因素，整体分析人员编制与人工成本，确定公司整体定编原则；再

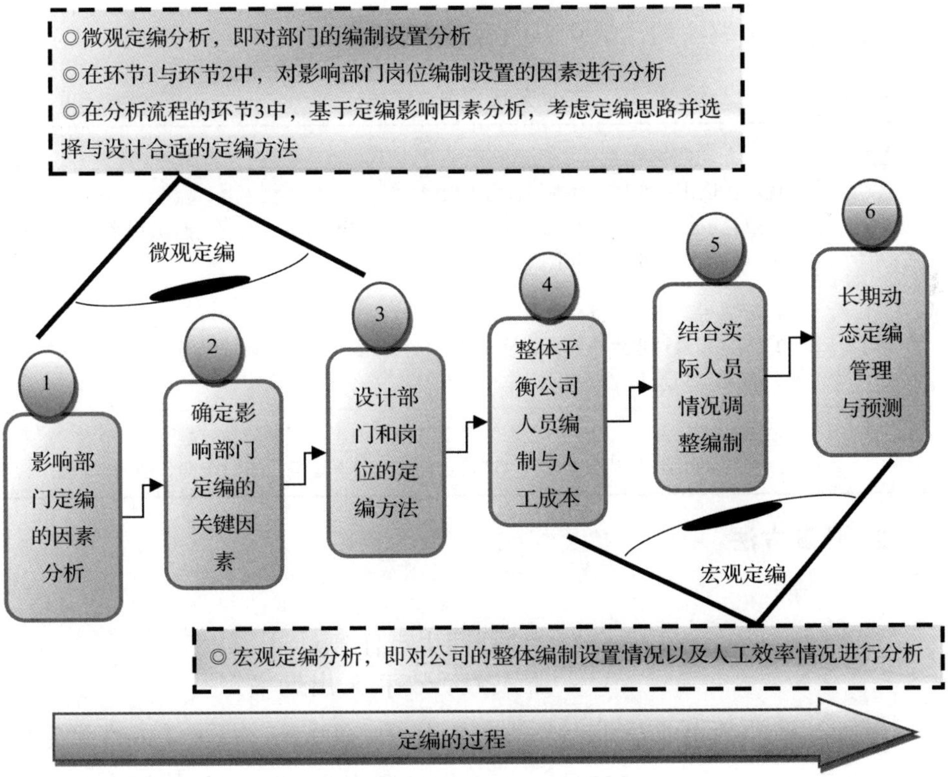

图 6-7　定编的流程框架

次是通过结合实际人员情况，进行公司定编目的与效果的分析，以及通过长期动态定编管理；最后确定分阶段达成的定编目标。

五、定编的方法

常见的定编方法有劳动效率定编法、设备定编法、比例系数法、业务数据分析法、预算控制法等。根据不同企业、不同工作部门的特点，可采用不同的定编定员方法。

（一）按劳动效率定编定员

按劳动效率定编定员，是根据生产任务和员工的劳动效率及其出勤率等因素来计算定员人数的一种方法。它适用于实行劳动定额的人员。

1. 方法概述

劳动效率定编法的优缺点等内容见表 6-11。

表 6-11　　劳动效率定编法概述

内容	内容说明
优缺点	优点：量化程度高，易操作，易被接受 缺点：工作量大，投入成本高，周期长；适用范围也比较窄，只适用于有定额的工种，管理和服务人员不适用
影响因素	1. 正常生产产品任务总量 2. 其他因素计划生产任务总量（如零星任务量、废品工时或产量） 3. 劳动定额及其完成率
分类	1. 按生产任务总量分为：单因素劳动效率定编、多因素劳动效率定编 2. 按劳动效率表现形式分为：产量定额劳动效率定编、工时定额劳动效率定编

2. 计算方法

$$定员人数=\frac{计划期生产任务总量}{工人劳动效率\times出勤率}$$

例如：已知某企业每年生产某产品为 400 000 件，每个工人产量定额为 10 件，年工作时间为 251 天，年平均出勤率为 90%，计算该车间工人定员人数。

$$定员人数=\frac{400\ 000}{10\times(365-2\times52-10)\times0.9}=177(人)$$

劳动定额的基本形式有产量定额和时间定额两种，上例是产量定额，若采用时间定额，其公式如下：

$$定员人数=\frac{生产任务\times时间定额}{工作时间\times出勤率}$$

上例中，若单位产品的时间定额是0.8小时，则：

$$定员人数=\frac{400\ 000\times0.8}{8\times(365-2\times52-10)\times0.9}=177(人)$$

（二）按设备定员

按设备定员，是根据工作量确认机器设备的数量，根据设备的数量、设备利用率、开动班次、工人看管定额及出勤率来确定人数的一种方法。它适用于大量同类设备以机械操作为主的工种。其计算公式为：

$$定员人数=\frac{年设备台数\times每台设备开动班次}{工人看管定额\times出勤率}$$

例如：某纺织厂车间有纺织机200台，每台开动班次2班，工人每人看管定额为5台，出勤率为95%，计算该车间定员人数。

$$定员人数=\frac{200\times2}{5\times0.95}=84(人)$$

（三）按岗位定员

按岗位定员是指根据生产过程所确定的岗位数量、岗位的工作量大小、工人的劳动效率及出勤率、每台设备开动班次等因素来计算定员人数的方法。它适用于需要多人看管的大型设备及流水线等。其计算公式如下：

$$定员人数=\frac{每个岗位的工作量}{工人劳动效率\times开动班次\times出勤率}$$

（四）按比例定员

按比例定员，是按照企业员工总数或某一类员工总数的比例来确定人员数量的一种方法。其公式如下：

$$M = T \times R$$

式中：M——某一类人员的定员数；

T——服务对象人数；

R——定员的标准比例。

根据分工与协作的要求，企业中有一部分人员会与另一部分人员之间存在一定的比例关系，并且前者会随着后者人员数量的变化而变化，如教师与学生、炊事员与企业员工总数等。在生产型的企业中，一些辅助性生产的员工数量与生产工人的比例也适用于此方法。

（五）业务数据分析法

业务数据分析法，是根据企业的历史数据，将员工数与业务数据进行回归分析，得到回归分析方程。业务数据法的含义、适用范围和实施步骤见表6-12。

表6-12　业务数据分析法概述

内容	内容说明
含义	根据组织的历史数据和战略目标，确定企业在未来一定时期内的岗位人数
内容	业务数据包括销售收入、利润、市场占有率、人力成本等
适用范围	这种方法适用于较为成熟的组织，因为其历史数据有相对的延续性和稳定性
实施步骤	1. 根据企业的历史数据（业务数据/每人）及企业发展目标，确定企业短期、中期、长期的员工编制 2. 根据企业的历史数据，将员工数与业务数据进行回归分析，得到回归分析方程 3. 根据企业短期、中期、长期业务发展目标数据，确定人员编制

（六）职责业务分工法

职责业务分工法即按组织结构、职责范围和业务分工定编。该方法具体的含义、适用范围、影响因素等 5 个方面的内容见表 6-13。

表 6-13　职责业务分工法概述

内容	内容说明
含义	一般是先确定组织机构和各职能科室，明确各项业务分工及职责范围以后，根据业务工作量的大小和复杂程度，结合管理人员和工程技术人员的工作能力和技术水平确定岗位人数的方法
优缺点	优点：对于无法定额的工作提供解决方案，弥补劳动效率定编等只能适用于有定额工种方法的不足 缺点：主观性比较强，结果相对来说比较粗糙，不易被接受
适用范围	比较适合分工明确、专业化程度高的组织
影响因素	1. 管理人员的因素 本人的能力、下属的能力、受教育程度等 2. 工作因素 工作的标准化程度和相似程度、工作的复杂程度、下属工作之间的关联程度 3. 环境因素 技术、地点、组织结构等
实施步骤	1. 明确组织生产经营的目的 2. 明确部门的工作岗位标准 3. 明确部门内职能管理人员的工作标准 4. 明确各部门和各管理人员的定编

职责业务分工法的分类可以按照人员构成、工作特点、机构设置的不同将人员编制分为不同的类型，见表 6-14。

表 6-14　职责业务分工法的分类

<table>
<tr><th>定编方法</th><th>分类标准</th><th colspan="2">人员编制</th></tr>
<tr><td rowspan="6">职责业务分工法</td><td>按人员构成</td><td colspan="2">行政管理人员
工程技术人员
政工人员
……</td></tr>
<tr><td rowspan="5">按工作特点</td><td>问题处理型人员</td><td>各部门第一负责人及以上人员</td></tr>
<tr><td>技术设计型人员</td><td>各类计划、规划、规章制度等设计或业务分工编制人员</td></tr>
<tr><td>外务联系型人员</td><td>采购推销、外协、劳力调配、党群等业务人员</td></tr>
<tr><td>文字计算型人员</td><td>财会、统计、文秘、材料核算、电子计算机等业务人员</td></tr>
<tr><td>岗位型人员</td><td>保管员、技术档案、人事档案、图书资料等业务人员</td></tr>
</table>

续表

定编方法	分类标准	人员编制
职责业务分工法	按机构设置部门定编	行政管理部门 技术检验管理部门 政工部门 生产服务部门业务分工 ……

（七）预算控制法

预算控制法，是通过人工成本预算控制在岗人数，而不是对某一部门内的某一岗位的具体人数做硬性的规定。

预算控制法的实施，是通过人力成本的整体预算来控制测算人员编制的数量，在组织经营目标、利润目标及人力成本总体目标设定的前提下，根据各业务部门、各岗位人力成本的测算，来设定岗位编制人员的数量。

预算控制法的实施是自上而下进行的，具体预算控制的实施如图 6-8 所示。

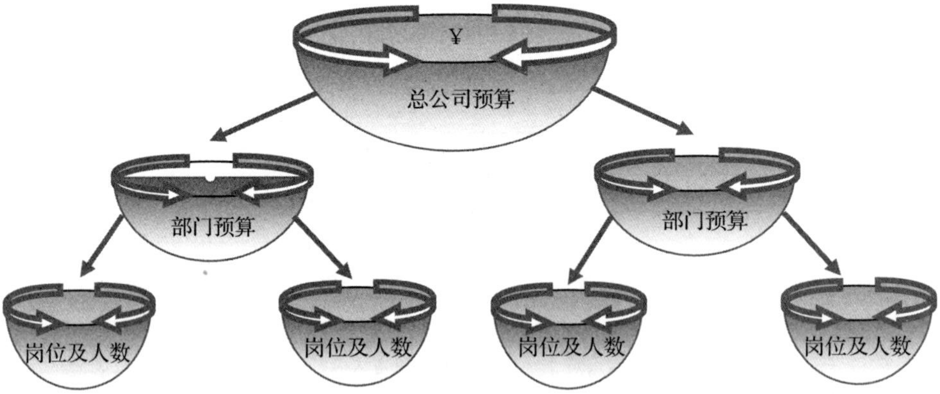

图 6-8　预算控制的实施

企业的资源总是有限的，并且是与产出密切相关的，因此预算控制对企业各部门人数的扩充有着严格的约束。以人工费用为例，图 6-9 中是用了较少的人数完成同样的业务量以减少费用成本。

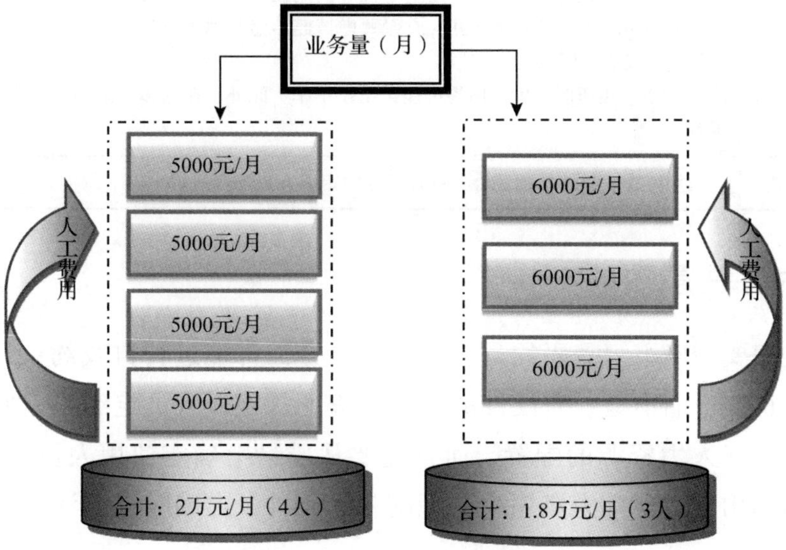

图 6-9 对人工费用的预算控制

（八）专家访谈法

专家访谈法，是通过对管理层的访问获得信息，信息包括下属员工的工作量、流程的饱满性以及员工编制调整建议，最后预测其下属员工一定期限之后的流向。此法具体的内容见表 6-15。

表 6-15 专家访谈法概述

内容	内容说明
含义	通过管理层、专家访谈获得工作量、员工编制调整的建议、同类企业员工结构的信息，此种方法作为辅助员工定编的方法与其他方法结合使用
访谈内容	1. 下属员工工作量、流程的饱满性及员工编制调整建议 2. 预测其下属员工一定期限之后的流向：提升（部门内和跨部门提升）、轮岗、离职（自愿和非自愿），统计各部门一定期限之后的员工数目 3. 通过专家访谈获取有效信息

续表

内容	内容说明
优缺点	1. 优点：简便易行，具有一定科学性和实用性。可以避免会议讨论时产生的害怕权威而随声附和，或固执己见，或因顾虑情面不愿与他人意见冲突等弊病；同时也可使大家发表不同意见 2. 缺点：由于时间紧，回答可能会比较草率。此外，在选择合适的专家方面也较困难
适用范围	适用范围广泛，特别适合与各种其他的定编方法配合使用

六、注意事项

定编要明确组织需要的是一套在人员方面都能进行自我约束、自我控制的机制，而不是一套硬性的人员定编的规定。人员定编不仅要从数量上解决好人力资源的配置，而且还要从质量上确定使用人员的标准，从素质结构上实现人力资源的合理配备。此外，定编时还要注意考虑以下 4 个方面。

（一）宏观与微观

既需要考虑从部门到各个岗位的微观层面，又需要考虑企业总体人员结构、企业个性化的管理基础与管理文化等宏观层面。

（二）成本、效率与效益

既需要考虑总体人工成本最小，又需要考虑整体人工效率与效益最大。

（三）历史、现状与未来

既需要考虑历史数据，又需要考虑未来的业务与人员规划。

（四）内部与外部

既需要诊断分析组织自身状况，又需要参照了解行业与外部单位的发展概况。

第三节　岗位编制

一、设计岗位编制表

组织在对各岗位进行定编之后，需对各岗位的编制情况进行汇总。编制的汇总可通过岗位编制汇总表来表示。

（一）部门岗位编制表

按照各个部门的岗位分别制作的表称为部门岗位编制表。这种表主要是介绍部门内有几个岗位、岗位职责等，每个部门一张表，其示例见表 6-16。

表 6-16　　部门岗位编制表

<table>
<tr><td>部门名称</td><td colspan="3"></td><td>部门负责人</td><td></td></tr>
<tr><td>部门职能</td><td colspan="5"></td></tr>
<tr><td rowspan="4">部门人员</td><td>姓名</td><td>岗位</td><td colspan="3">岗位说明</td></tr>
<tr><td></td><td></td><td colspan="3"></td></tr>
<tr><td></td><td></td><td colspan="3"></td></tr>
<tr><td></td><td></td><td colspan="3"></td></tr>
<tr><td rowspan="4">拟增加
人员</td><td>岗位</td><td colspan="4">岗位说明</td></tr>
<tr><td></td><td colspan="4"></td></tr>
<tr><td></td><td colspan="4"></td></tr>
<tr><td></td><td colspan="4"></td></tr>
<tr><td>备注</td><td colspan="5"></td></tr>
</table>

（二）岗位编制汇总表

岗位编制汇总表，是指把整个组织的岗位全部编制汇总而成的一个表。此表具体包括以下 4 项内容。

1. 岗位部门

在组织结构中，组织根据岗位性质、岗位内容及岗位特征等因素，设置不同岗位和部门，不同的岗位会分别隶属于不同的部门。岗位编制汇总表将对所有岗位和部门进行汇总。

2. 岗位名称

岗位名称是一组在职责上相同或相近的岗位的总称。岗位编制汇总表需包含岗位名称，并且需对所有的岗位名称进行汇总。

3. 岗位编号

岗位编制汇总表还需包括岗位编号。例如，岗位编号可以以字母 G 开头，紧跟着字母 G 的数字代表部门编号，如 G-1、G-2 等，部门编号后面接着岗位的编号，如 G-1001。将岗位进行编号有助于对岗位进行规范化和信息化管理。

4. 岗位人数

岗位编制汇总表中最主要的一项就是岗位人数。岗位人数是对组织在此岗位上需配备人员数量的反映，是组织进行人力资源管理的依据。

岗位编制汇总表示例见表 6-17。

表 6-17　　　　生产制造型企业岗位编制汇总表

部门	岗位编号	岗位名称	岗位人数（单位：人）
企业总部	HT-G-I	董事长	1
	HT-G-Ⅱ	总裁	1
	HT-G-Ⅲ	财务总监	1
	HT-G-Ⅳ	市场总监	1
	HT-G-Ⅴ	技术总监	1
	HT-G-Ⅵ	人力资源总监	1
	HT-G-Ⅶ	总经理	1
	HT-G-Ⅷ	副总经理	1
			合计 8 人
行政部	HT-G-1001	经理	1
	HT-G-1002	秘书	2
	HT-G-1003	办事员	1
			合计 4 人

续表

部门	岗位编号	岗位名称	岗位人数（单位：人）
财务部	HT-G-2001	经理	1
	HT-G-2002	总会计师	1
	HT-G-2003	会计员	2
	HT-G-2004	出纳	1
			合计 5 人
市场部	HT-G-3001	经理	1
	HT-G-3002	主管	1
	HT-G-3003	企划专员	2
	HT-G-3004	销售人员	30
			合计 34 人
生产部	HT-G-4001	经理	1
	HT-G-4002	车间主任	1
	HT-G-4003	生产调度专员	1
	HT-G-4004	设备管理专员	1
	HT-G-4005	车间组长	5
	HT-G-4006	生产加工人员	100 人
			合计 109 人
人力资源部	HT-G-5001	经理	1
	HT-G-5002	招聘专员	3
	HT-G-5003	培训专员	6
	HT-G-5004	薪酬福利专员	4
			合计 14 人
采购部	HT-G-6001	经理	1
	HT-G-6002	采购主管	1
	HT-G-6003	统计员	2
	HT-G-6004	资产保管员	4
			合计 8 人
技术部	HT-G-7001	经理	1
	HT-G-7002	工程师	2
	HT-G-7003	技术开发员	5
			合计 8 人
		职能部门总计	190 人

课程实训

结合本节内容的学习，请设计一张“岗位设置分析表”。

实训指导：

进行岗位设置前，需对现有岗位设置的合理性进行分析，要总结出岗位设置的合理性和不合理性，根据分析的结果再进行岗位的调整与设计。如何对岗位设置的合理性进行分析呢？下文提供了一则分析的模板，仅供读者参考。

岗位设置分析表

<table>
<tr><td>岗位名称</td><td></td><td>岗位编号</td><td></td></tr>
<tr><td colspan="2">1. 本岗位对企业是否必要</td><td colspan="2">□ 是　　□ 否
若选项是“否”，请说明原因</td></tr>
<tr><td colspan="2">2. 本岗位所需的人数是否可以减少</td><td colspan="2">□ 是　　□ 否
若选项是“否”，请说明原因</td></tr>
<tr><td colspan="2">3. 本岗位是否能产生最大的作用</td><td colspan="2">□ 是　　□ 否
若选项是“否”，请说明原因</td></tr>
<tr><td colspan="2">4. 本岗位与其他岗位是否有效配合</td><td colspan="2">□ 是　　□ 否
若选项是“否”，请说明原因</td></tr>
<tr><td colspan="2">5. 本岗位与其他岗位分工是否清晰</td><td colspan="2">□ 是　　□ 否
若选项是“否”，请说明原因</td></tr>
</table>

二、编制的规范与动态调整

为规范公司的人员编制管理，优化人力资源配置，组织有必要结合自身的管理需求及实际，制定出相应的管理办法。

定编还需要根据内外部环境的变化而进行动态管理，随着市场变化、业务变化、组织管理水平的提高、员工熟练程度和技能的提高而进行动态调整，保证劳动生产率始终能够被合理反映和有效控制。

在进行定编预测时，可以参照历史或现行的岗位编制或劳动定额来分析判断、预测现行或未来的劳动定额和编制。定编预测，也可采用业务数据分析的方法。

组织的定岗定编设计并不是一成不变的，它是一个动态的、不断调整的过程，人力资源部部门应根据制定的制度，结合组织当前的发展情况，及时完善组织内部的定岗定编工作。

课程实训

结合本节内容的学习，请编制一则“定岗定编实施方案”。

实训指导：

规范公司的定岗定编管理，优化人力资源配置，提高工作效率是企业进行定岗定编方案设计的主要目的。编制该方案时，需依据公司目前的规模、产值，按照公司发展规划设计的业务内容、模式，对公司未来一段时间的营业目标进行合理预测后，确定适应发展的基本架构和规模。编制出的方案还需明确调整后的定编情况。

下文是一则实施方案，供读者参考。

方案名称	酒店定岗定编实施方案	文本编号	
		生效日期	

一、总则

1. 定岗定编目的

优化人力资源配置，最大限度地提高劳动效率，达到精简、高效的目的。

2. 原则

（1）按需定编、按编定岗、按岗定责

（2）人员缩编以不影响酒店正常运行为前提

二、定编方法

1. 公司总部人员定岗定编参照指标

（1）酒店日均营业额

(2) 酒店人均销售额

(3) 管理部门与营运部门之间的比例

2. 门店人员数量确定考虑因素

(1) 酒店营业面积

(2) 酒店盈利状况

(3) 酒店客流量

(4) 酒店管理能力

三、门店人员定岗定编

1. 各门店原有人员状况

各门店营业面积大小不同，且盈利能力不同，因此，员工数量的多少也不同。酒店实行定岗定编之前的人员分布状况及营业额见下表。

3 月酒店营业面积与人均销售额比较

酒店	面积（单位：m^2）	人数	营业额/日（单位：千元）	人均日销售额（单位：千元）
A	200	20	3 000	150. 0
B	300	25	3 500	140. 0
C	400	30	5 500	183. 3
D	600	45	7 000	155. 6
E	650	50	6 800	136. 0
F	800	60	8 500	141. 7
G	450	45	5 000	111. 1
H	680	45	7 258	161. 3
I	750	60	7 556	125. 9
J	350	35	4 200	120. 0

2. 人员缩编

根据酒店发展需要，对各门店实行减员计划。

各门店人员缩编情况一览表

酒店	面积（单位：m^2）	原有编制	减员	计划编制
A	200	20	2	18
B	300	25	3	22
C	400	30	5	25
D	600	45	5	40
E	650	50	6	44
F	800	60	4	56
G	450	45	5	40
H	680	45	3	42
I	750	60	7	53
J	350	35	7	28

四、减员后人效比较（略）

五、其他事项

1. 原则上此次酒店各门店人员定岗定编后，人员数量不再变动。遇营业淡旺季，人员数量可在此编制上下浮动。

2. 若遇营业旺季需增加工作人员，以临时工、兼职的形式进行招聘。

3. 短期聘用工聘用期满后，若工作表现优秀且愿意继续受聘，经公司同意后，在编制许可的情况下可与本公司续签聘用合同。

本章自测题

1. 简述定岗的原则。
2. 定岗的依据是什么？

3. 对定岗的 2 种方法进行简要的介绍。
4. 定编的依据与影响因素分别是什么？
5. 对定编的 3 种方法进行简要的介绍。
6. 组织在进行定编时的注意事项有哪些？

第七章　工作设计与工作再设计

学习目标

➢了解工作设计的内容及其影响因素
➢知晓工作设计的原则
➢明确工作设计的实施步骤
➢了解工作再设计的意义与实施标准
➢掌握工作再设计的方法

引导案例

美国管理理论家弗雷德里克·赫茨伯格（Frederick Herzberg）曾经在贝尔电话公司专门做了一个工作丰富化的实验，实验的对象是经过严格的选择和专业训练的秘书人员，他们的主要工作任务是负责联系股东。从事该项工作的人都具有较高的素质，工作本身也不乏挑战性，可该公司秘书人员的工作表现却不尽如人意。他们几乎都未能取得好的业绩，而且工作态度也比较差。

实验人员通过访谈，发现这项工作的所谓挑战性仅仅停留在书面描述上，实际这些秘书要面对的是烦琐、枯燥而且乏味的事务。基于这样的情况，实验人员选择了一组秘书作为对象，进行工作丰富化的实验。

在这个实验中，规定了一系列必须遵循的原则：在保留责任的前提下减少控制，提高每项工作的个人责任；给每人一个完全自然的即完整的工作单位；给每人授予更多的支配个人行为的权力，增加工作的自由度；工作反馈直接提供给员工本人而不是他的上司；赋予员工以前未处理过的、新的、更难的任务；给每人分配特定的任务，使他们成为专家。

具体的实验方法为：将实验组的工作范围按照上述原则加以丰富化，每星期选择一项激励引入工作，逐周增加。而对照组的工作内容在实验过程中没有任何变化。实验组和对照组的保健因素（比如增加工资等）均不发生变化。测定两组业绩的具体指标为：股东服务的信件质量、提供给股东信息的准确率、对股东询问的反应速度等。

经过一段时间的测试，其结果表明：在实验开始前，实验组的表现比对照组还差；实验开始后的前两个月里，实验组的情况没有好转；到了第3个月，实验组的表现就开始明显转变；到第6个月，实验组在工作表现上明显高于对照组，旷工减少，工作兴趣大大提高，工作态度愈发积极，工作效率也得到大幅度提升。

第一节 工作设计

一、工作设计概述

岗位分析的结果对组织的各个岗位进行客观而详细的描述，但员工是否喜欢自己目前所从事的工作？从事现在的工作是否让员工自己感到快乐？这样的工作安排是否能让员工发挥出最高的工作能力？这一系列的问题，并非岗位分析就能完全解决的。

如果组织中出现员工对工作的满意感低、办事效率低下及其他不良现象，组织则应该对目前的工作安排作一些适当的调整，进行工作设计。

（一）工作设计的概念

关于工作设计的观点最早出现在18世纪的文献中，英国经济学家亚当·斯密（Adam Smith）在《国富论》中指出，如果每一名工人都被指派干一项很小的、常规性的、重复性的任务，那么生产线的生产率就会大幅度提高。专业化的工作设计能够极大地提高劳动生产率。

工作设计（Job Design）可以定义为管理者为了有效地达到组织目标与满足个人需要而进行的工作内容、工作职能和工作关系的设计。也就是说，工作设计是一个根据组织及组织成员个人需要，规定某个岗位的任务、责任、权力以及在组织中工作关系的过程。在组织行为的研究中，工作设计是一项越来越重要的应用技术。

从组织整个生产过程来看，工作设计应当满足组织劳动分工与协作的需要；满足组织不断提高生产效率，增加产出的需要；满足劳动者在安全、健康、舒适的条件下从事劳动活动的生理上、心理上的需要。为了有效地进行工作设计，必须通过工作分析来全面地了解当前工作的状态以及工作本身所需要完成的任务等方面的详细信息。

（二）工作设计的原则

工作设计需遵循一定的原则，具体内容如下。

1. 专业分工原则

专业分工原则追求深度知识与市场经验的积累相结合，在此原则下对组织工作内容细分，进行岗位设计，使岗位成为组织中工作内容自成体系、职责独立的最小业务单元。

2. 协调费用最小原则

为减少不同岗位间的协调，降低运作成本，通过工作关系分析和工作定量分析及时进行撤岗、并岗，使所有工作尽可能集中，以降低人工成本。

3. 不相容职务分离原则

（1）不相容职务是指那些如果由一个人担任，既可能发生错误和舞弊行为，又可能掩盖其错误和弊端行为的职务。

（2）不相容职务分离的核心是内部牵制，内部牵制是一人不能完全支配账户，另一个人也不能独立地加以控制的制度。

4. 整分合原则

在组织整体规划下应实现岗位的明确分工，又在分工基础上有效地综合，使各岗位职责明确，又能上下左右之间同步协调，以发挥最大的组织效能。

二、工作设计的内容

（一）工作空间设计

工作空间设计是对工作环境、劳动场所的优化，即利用现代科学技术，改善劳动环境中的各种因素，使之适合于劳动者的生理、心理特点，建立起“人—机—环境”的最优化系统。

工作空间的设计应考虑以下两个方面的因素。

1. 影响工作空间的物质因素

（1）工作环境的组织。工作环境的组织要根据生产工艺要求和人体活动规律，使工地上的劳动者、劳动工具和劳动对象达到最优化结合，既能方便工人操作，提高工效，又能保证环境安全卫生，使工人心情舒畅。

（2）照明与色彩。适宜的照明和适度的色彩环境，给人以舒适感，有利于稳定劳动者心理，促进工作效率的提高。

（3）设备、仪表和操纵器的配置。

2. 影响工作空间的自然因素

影响工作空间的自然因素具体包括空气、湿度、温度、噪声以及厂区绿化等。由于工作空间涉及的范围很广、因素复杂，需要综合利用多种学科，如生理学、心理学、人体工程学、工效学、环境学等知识，才能更好地设计和优化组织的工作空间。

（二）时间方案设计

时间方案设计即工作工时制度设计，是工作设计不可忽视的一个极为重要的方面。时间方案设计将影响到工时利用的状况、劳动生产率以及整体的经济效益。从组织成员的角度看，将体现如何“以人为本”、科学合理地安排组织成员的工作轮班和工作时间，切实保证劳动者的身心健康，使他们始终保持旺盛的精神状态和斗志。

在组织中，每个岗位的工作量应当饱满，有限的劳动时间应当得到充分利用。这是进行工作设计的一项最基本的原则和要求。如果每一个工作岗位都是低负荷运转，必然会造成人力、物力和财力的浪费，影响产品成本的降低；如果岗位的工作是超负荷的，虽然能带来较高的效率和效益，但这种效率不能维持长久，既容易影响组织成员的身心健康，又会使生产设备、工位器具等生产资料得不到正常的维护和保养，造成设备、器具过度疲劳，超常磨损。

总之，在工作设计过程中，应当重视对工作任务量和工作时间的分析，设计出先进合理的岗位劳动定员定额标准，切实保证岗位工作的满负荷及适宜时间方案。

三、工作设计的影响因素

组织进行工作设计时，必须考虑以下 3 个方面的影响因素。

（一）员工因素

员工需求的变化是岗位设计不断更新的一个重要因素。岗位设计的一个主要内容就是使员工在工作中得到最大的满足。

1. 随着文化教育和经济发展水平的提高，人们的需求层次提高了，除了一定的经济收益外，他们希望在自己的工作中得到锻炼和发展，对工作质量的要求也更高了。

2. 只有重视员工的要求并开发和引导其兴趣，给他们的成长和发展创造有利条件和环境，才能激发员工的工作热情，增强组织吸引力，留住人才。

3. 随着员工不满意程度的增加，员工冷漠和生产低效，导致人才流失。

(二) 组织因素

工作设计最基本的目的是为了提高组织效率、增加产出。岗位设计离不开组织对工作的要求，具体进行设计时应注意以下 3 点。

1. 工作设计的内容应包含组织所有的生产经营活动，以保证组织生产经营总目标的顺利有效实现。

2. 全部岗位构成的责任体系应该能够保证组织总目标的实现。

3. 工作设计应该能够利于发挥员工个人能力，提高组织效率。这就要求岗位设计时全面权衡经济效率原则和员工的职业生涯和心理上的需要，找到最佳平衡点，保证每个人满负荷工作，使组织获得组织的生产效益和员工个人满意度及安宁两方面的收益。

(三) 环境因素

环境因素包括人力供给和社会期望两个方面。

1. 工作设计必须从现实情况出发，不能仅仅凭主观愿望，而要考虑与人力资源的实际水平相一致。工作内容的设计应相对简单，在技术的引进上也应结合人力资源的情况，否则引进的技术没有合适的人使用，造成资源的浪费，影响组织生产。

2. 社会期望是指人们希望通过工作满足些什么。不同的员工其需求层次是不同的，这就要求在工作设计时考虑一些人性方面的东西。

四、工作设计的步骤

为了提高工作设计的效果，工作设计时应按照以下 5 个步骤进行。

（一）需求分析

工作设计的第一步就是对原有工作状况进行调查诊断，以决定是否应该进行工作设计，应着重改进哪些方面。

（二）可行性分析

工作设计人员首先考虑该项工作是否能够通过岗位设计改善工作特征，从经济效益、社会效益上看，是否值得投资；其次应该考虑员工是否具备从事新工作的心理与技能准备，如有必要，可先进行相应的培训学习。

（三）评估工作特征

成立工作设计小组，小组成员应包括岗位设计专家、管理人员和一线员工，由工作设计小组负责调查、诊断和评估原有工作的基本特征，分析比较，提出需要改进的方面。

（四）制定设计方案

工作设计方案中包括工作特征的改进对策以及新工作体系的工作职责、工作规程与工作方式等方面的内容。在方案确定后，可选择适当部门与人员进行试点，检验效果。

（五）评价与推广

评价主要集中于 3 个方面：员工的态度和反应、员工的工作绩效、组织的投资成本和效益。如果工作设计效果良好，应及时在同类型工作中进行推广应用。

第二节 工作设计方法

一、程序分析技术

程序分析技术是以生产过程中的作业、运输及检验等环节为对象，通过对工作程序中的每项作业和运输的比较与分析，删除和修正不合理部分，重新对工作程序进行合理安排，将人力、物力耗费降到最低限度，以提高岗位工作效率的岗位设计方法。

应用程序分析技术主要采用以下几种工具。

（一）作业程序图

作业程序图是用来表示产品加工制作过程中，各个作业以及保证其质量的检验程序的图表。它能全面反映出在生产过程中原料投入、检验及全部工序的顺序，为岗位设计人员提供整个生产工作程序的概貌和程序中各作业相互间的关系，方便发现问题、解决问题。

（二）流程图

流程图是表示产品制造过程中，加工、检验、运输、延迟、储存等全部子过程的图表。由于它比作业程序图更具体更详细，常被用于分析研究某种产品、某一零部件或某一项任务的加工制作过程。

（三）线图

线图又称流线图，是用平面图或立体图来表示产品加工制造的全过程。

（四）人—机程序图

人—机程序图，又称联合程序图，是显示机手并动的操作程序图。人—机程序图的结构比较简单，通常是先绘制出专用的图表模板，然后在图表中定出一个时间标尺，根据工作现场的实地观测，将各个操作的内容及时间登记在图表上，经过对照比较，最后设计出新的人—机操作程序。

（五）多作业程序图

多作业程序图是以多个岗位的多名员工以及所操纵的设备为对象绘制出的程序图，主要用于分析研究多个岗位工作的分工与协作关系，以便采取有效措施加以改进。

（六）操作人程序图

操作人程序图，又称左右手操作程序图，是按岗位员工操作时的连续动作及先后顺序绘制出的程序图。它主要用于研究岗位员工手工操作作业的工作程序，尤其适用于工作地固定、操作重复性强、加工批量大的工作程序。

二、动作研究技术

动作研究技术是指运用目视观察或者影片、摄像机等技术设备，将员工的岗位工作分解成若干作业要素，必要时可将要素再细分为一系列动素（Therblig），根据动作经济原理，发现其中不合理的多余、重复部分并加以改进，设计出以新的、合理的作业操作程序。

所谓动素（Therblig），是指完成一项工作所需要的基本动作。所谓动作经济学原理，是指实现动作经济为目标，用来进行工作改善和岗位设计。

（一）动作研究技术的内容

1. 人体的利用

包括将动作的顺序安排适当，使动作有节奏和自动性；设法将 2 个以上的动作合并成 1 个动作；动作的速度要适当，要适合于身体的部位，尽量利用反作用力与惯性力；尽可能利用物体的动量，如果需用体力约束的动量，应减小到最小程度。

2. 工作地布置和工作条件的改善

包括一切材料和工具应排放在正常抓取面积以内，并尽可能接近工作者的前面；利用工具设备输送物品，做到不动手即能输送物品；在不影响工作的前提下，尽量缩小工作区域。

3. 工具和设备的设计

包括尽可能将 2 个以上的工具合并成 1 个工具；工具和设备的位置应安排在工作者最少改变姿势，且能利用最大机械力的地方；利用需要动作少的工具，工具要便于抓取；用手指操作的机器应设计得能按照人的能力来分配手指的负荷；尽量解除双手的工作而以双脚或踏板等工具代替；工具手柄的设计应尽可能增大与手的接触面，以便于使用掌握。

（二）动作研究技术的实施步骤

应用动作研究技术的具体实施步骤如下所示。

1. 根据操作程序，将工作进行动作分解。

2. 取消所有不必要的工作，将动作简化和标准化。

3. 合并重复的工作，重新调整所有的操作步骤，使作业更有条理、更有效率。

4. 检查各项具体操作能否简化，或利用设备、工具来提高效率。

5. 根据调整后的工作程序和操作要求来调整设备工具和工作环境，使之相适应。

三、工业工程

工业工程是从科学管理原理的基础上发展起来的一门应用性工程专业技术，它强调综合地提高劳动生产率、降低生产成本、保证产品质量，使生产系统能够处于最佳运行状态而获得最高之整体效益，除了广泛应用于企业生产管理外，对岗位设计优化也有重要的借鉴意义。

工业工程技术应用于人力资源管理的岗位设计中，主要是通过对企业生产的工作研究和方法研究，来进行业务优化和组织再造。

（一）工作研究

1. 以物件为对象的研究，即对产品生产流程和零件工艺过程以及有关的管理业务流程进行研究分析。

2. 以人力为对象的研究，即对工人在生产过程中的工作活动进行研究，通过以下方式对岗位工作进行再设计。

（1）改善工厂、车间和工作场所的布置、缩短工艺运输的路线。

（2）改善对原材料、机器设备和劳动力的运用，以较少的资源投入，获得更多的产出。

（3）减轻劳动强度，避免生产劳动中不必要的体力消耗，节省人力。

（4）改进工作环境，改善劳动条件。

（二）方法研究

1. 方法研究选择作为流程改善和岗位工作再设计的研究对象，以投入少而收入大的原则来进行，以下 4 点可作为选择的依据。

（1）选择生产过程中形成瓶颈的环节或工序，通常是由于工序安排不平衡而暴露的工作较薄弱的环节。

（2）选择生产过程中成本高的工序，通常是由于工作量消耗过大，所用的设备和工具昂贵，耗用的时间过长及消耗的能源、材料过高所致。

（3）选择生产过程中质量不稳定的工序，通常是由于操作者、加工设备、原材料的品质和工艺操作方法的多方面因素综合引起的。

（4）选择生产过程中劳动强度大、劳动条件恶劣、容易发生事故的工序，一般这样的工序都亟待利用方法研究做改善。

2. 方法研究可解决工人的重复性劳动、职责不清、组织臃肿等企业的岗位设计问题，运用时，应遵循以下程序。

（1）选择研究对象，将问题弄清。

（2）进行直接观察，记录有关的全部工作过程。

（3）运用方法研究中的技术，详细而有规律地将工作过程进行分析。

（4）考虑各种可能出现的因素，寻求出最实用、最经济及最有效的方法。

（5）切实建立新的标准工作方法，并进行检查验证。

（6）重新设计岗位体系，描述岗位职责和工作要求，并征求员工意见。

四、基于工作效率的方法

机械型工作设计法是基于工作效率的设计方法，其强调找到一种使效率最大化同时最简单的方式来对工作进行组合，通常包括降低工作的复杂程度，尽量让工作简单化。这种基于工作效率的设计方法使得工作安全、简单、可靠。

五、基于工效学思想的方法

工效学是研究人们在生产劳动中的工作规律、工作方法、工作程序、细微动作、作业环境、疲劳规律、人际匹配以及在工程技术总体设计中人机关系的一门科学。

工作岗位的设计应当满足“位得其人、人尽其才、适才适所、人事相宜”的要求。现代工效学技术是通过研究人和机器、环境的相互作用以及有效结合，使设计出来“人—机—环境”系统更能适合人的生理、心理特点，使员工在舒适、安全、健康的工作环境中有效发挥人的效能，从而达到提高组织效益的目的。

（一）切入点

应用现代工效学技术进行岗位工作设计可以着重从以下几个方面入手。

1. 关注员工身心健康

进行岗位设计时应以保障员工身心健康为基础，充分考虑员工的生理及心理因素进行工作程序优化，制定工作要求和标准。企业在管理过程中，还要时刻关注员工的生理及心理变化，关注员工是否处于亚健康状态等。

此外，企业还要为劳动者创造一个安全且有效率的劳动环境，进行劳动环境优化。

2. 注重考虑工作条件

工作条件主要指生产设备和工具的好坏对作业能力的影响，其影响主要体现在对工作效率的提高和能否减轻劳动强度、减轻静态作业成分和作业紧张程度。进行工作设计时应充分考虑到不同工种的工作条件，从而对岗位要求、薪酬福利等方面进行设计。

3. 充分安排工作时间

轮班制可以使员工的作业能力得到最大的发挥，企业中常见的轮班制度有两班制、三班制、四班制，具体采用何种轮班制应根据工作的性质、形式等具体考虑，但需注意以下几点。

（1）工作轮班的组织应从生产的具体情况出发，以便充分利用工时和节约人力。

（2）要平衡各轮班人员的配备。

（3）健全交接班制度。

（4）适当组织各班工人交叉上班。

（5）工作轮班制对人的生理、心理会产生一定影响，特别是夜班对人的影响最大。

4. 巧妙利用熟练效应

熟练效应是指经常、反复进行某一项作业而产生的全身适应性变化，使人体各项机能，各个器官系统之间更为协调，不易产生疲劳，使工作效率和水平得到很大提高的现象。因此，组织可以加强对员工的培训，提高员工的熟练程度，提高工作能力与工作效率。

（二）主要设计方法

基于工效学思想的设计方法主要表现为两种：生物型工作设计方法和直觉运动型工作设计方法。

1. 生物型工作设计方法

（1）通常用于体力要求比较高的岗位的工作设计。

（2）目的是降低某些特定的岗位对于体力的需求，从而使得任何人都能够完成这些岗位上的工作。

（3）较关注对机器和技术的设计。

2. 直觉运动型工作设计方法

（1）关注人的心理能力和心理局限。

（2）通过降低工作对于信息加工的要求来改善工作的可靠性和安全性。

六、基于人际关系理论及工作特征模型理论的设计方法

基于人际关系理论及工作特征模型理论的设计方法为激励型工作设计法。该方法主要是通过工作扩大化、工作丰富化、工作轮换、工作专业化、弹性工作制等形式来提高工作的激励性。

七、标杆对照法

标杆对照法是根据行业中有关服务或产品相近的组织的结构和人员编制数据进行标杆分析，根据分析结果对照进行组织自身的岗位设计的方法。标杆对照法的主要依据是本行业典型组织的现有岗位设置，适用于要求不太精确的岗位设计项目。

（一）标杆对照法的特点

1. 简单易行，不需要专业人力资源管理咨询人员，可以由组织内部人员进行设计。

2. 设计成本低，可以很快帮助组织完成粗略的岗位设计。

3. 照搬其他组织岗位设计体系，容易脱离实际，造成经营管理混乱。

4. 需要对标杆组织有比较详细、透彻的了解。

（二）应用注意事项

1. 需要对标杆组织的岗位设置情况进行充分了解，收集详尽、准确的参考数据，否则参考意义有限。

2. 虽然标杆对照法比较简单、直观，但由于组织战略、自身条件等方面的差异，不能直接照搬照抄标杆组织的岗位设计体系，应结合组织自身的实际情况进行调整、改善。

3. 使用标杆对照法进行岗位设计时，可以参考国家有关部门每年公

布的对主要行业的岗位、从业人员数量、营业额、岗位平均工资等情况进行统计的文件资料。

第三节　工作再设计

一、工作再设计概述

工作设计完成之后还可能存在一个工作再设计的过程。工作再设计是指改变某种已有工作中的任务或者改变工作完成的方式的过程。工作再设计的最简单的形式是让组织成员在短时间内从一种工作轮换到另一种工作，即岗位轮换。关于岗位轮换的具体内容详见本节后面的内容。

（一）工作再设计的意义

组织进行工作再设计的意义主要体现为以下 3 个方面。

1. 满足组织整个生产过程的需要

其具体可细化为以下 3 个方面：满足组织劳动分工与协作的需要；满足组织不断提高生产效率，增加产出的需要；满足劳动者从事劳动活动在生理和心理上的需要，包括安全、健康、舒适的条件。

2. 协助实现人力资源管理的基本目标

组织进行工作分析的中心任务是要为企业的人力资源管理提供依据，实现“位得其人，人尽其才，适才适所，人事相宜”。事实上，工作岗位分析的最终成果——工作说明书、岗位规范以及职务晋升图等一系列文件，必须以工作岗位的再设计、再改进为基础，才能发挥其应有的各种职能和作用，全面实现上述人力资源管理的基本目标。

3. 完善岗位设置

从岗位研究的全过程来看，在岗位调查和岗位分析完成以后，如果发现工作岗位的设置存在着严重的缺陷或明显不合理的问题时，一定要会同有关职能部门组成专题性课题组，进行工作的再分析和再设计，采取有效措施，全面改进原有的岗位设计，使工作说明书、岗位规范等人事文件真正建立在科学合理的工作岗位设计的基础之上。

（二）工作再设计需达到的标准

工作再设计应体现组织的战略意图，适应组织结构优化和业务流程再造的需要，同时能够为员工的能力开发提供平台。具体来说，组织的工作再设计应达到以下标准。

1. 提高生产效率

通过工作再设计，使得工作的内容、方法、程序、工作环境、工作关系等与工作人员的特性相适应，能够在很大程度上减少无效劳动，大幅度地提高劳动生产率。

2. 工作多样化

在工作再设计中，应更多地考虑人的因素对工作的影响，改变工作单调重复和不完整的特性，实现工作的多样化，最大限度地减少由于工作单调、重复和不完整导致的员工不满情绪。

3. 改善员工关系

通过工作再设计，应能够改善工作人员与物理环境、机器设备的关系，并改善员工之间的关系，以及员工与上级之间的人际关系，使员工在工作中获得自主权和责任感，更具主人翁意识，更好地融入组织文化中去。

（三）工作再设计的内容

组织进行工作再设计是为了满足内部劳动分工与协作，不断提高生产效率、增加产出和满足劳动者在心理等方面的需求。为了使工作再设计的成果能满足组织和员工的需要，可从岗位工作专业化、工作扩大化、工作丰富化、工作满负荷、岗位工时制和劳动环境的优化 6 个方面对其进行改进。

其中工作扩大化与工作丰富化的差异表现为：前者是通过增加任务、扩大岗位任务结构，使员工完成任务的内容、形式和手段发生变化；而后者是通过岗位工作内容的充实，使岗位的工作变得丰富多彩，更有利于员工的身心健康。

二、岗位轮换

岗位轮换是组织内部有计划、定期进行的人员岗位调整，从而给组织成员提供提高多项技术以及较全面地观察和了解组织整个生产经营过程的机会。

对于组织而言，岗位轮换不仅可以培养出大批优秀的复合型人才，而且成本较低、风险较小。对于组织成员来说，岗位轮换是职业生涯规划的有效方式。通过岗位轮换，成员可以找到适合自己发展的位置，激发潜能，提升自身价值。

岗位轮换是组织促进成员职业生涯发展的重要手段，能够创造职业宽度，满足职工成长的核心需求。尤其是在组织内部晋升机会较少的情况下，进行岗位轮换不仅能够减少组织成员工作的不满情绪，而且能够提高工作新鲜感，使工作充满动力。

岗位轮换也有着自身的不足，如员工到一个新的工作岗位，需要一定的时间来熟悉新的环境，工作效率较以前会有一定程度的下降；岗位轮换可能会涉及组织内部的各个方面，增加组织的管理难度和成本等。

（一）岗位轮换时机选择

组织进行岗位轮换必须选择准确、恰当的时机，否则不仅达不到预期的目的和效果，反而会适得其反，造成相关部门额外的工作负担和不必要的损失。

岗位轮换时机的选择主要应服从以下两个原则。

1. 针对性原则

轮换时机的选择一定要服务、服从于轮换工作的目的，针对不同的目的，选择不同的轮换时机。例如，组织希望增进员工对各岗位的了解，可以选择新员工实习阶段进行。

2. 趋利避害原则

岗位轮换对组织并不是百利而无一害的。例如，会增加人力资源部门的工作负担，部门长期经验人才的流失等。因此，轮换时机的选择应尽量避免或者最小化岗位轮换的负面作用。

（1）组织处于技术攻坚或者新产品研发生产阶段，不应进行岗位轮换。

（2）员工处于长期、传统的技术或业务经验积累阶段，以及复杂技术或知识的钻研熟悉阶段，不应进行岗位轮换，以保证经验和技术的传承与学习。

（3）员工短时间内已进行了多次轮换，不应再进行岗位轮换，防止其疲惫感大于轮岗以后的新鲜感，从而产生消极怠工的现象。

（二）岗位轮换系统的构建程序

岗位轮换系统的构建程序主要包括以下 4 步。

1. 确定成员职业生涯发展的目标

成员的职业生涯发展目标是组织进行岗位轮换的基础，组织只有充分考虑成员个人职业生涯发展的要求，才能够确保成员职业生涯发展目标符合双方的要求，从而实现组织和成员利益的双赢。

2. 制定岗位轮换制度

实施岗位轮换制度对于组织而言，主要有以下 3 个方面的优点。

（1）岗位轮换制度可以减轻组织成员晋升的压力，减少成员的不满情绪。

（2）岗位轮换制度可以避免组织薪酬和福利成本的增加，是较为经济的提高成员工作满意度的方法。

（3）岗位轮换制度是一项成本较低的内部调整和变动规范，它在给成员带来工作调整的同时，也有效地避免了给组织结构带来太大的破坏。

3. 进行岗位轮换体系评估

根据岗位轮换制度以及组织成员自身的表现，实现岗位轮换。

4. 岗位轮换实施与管理

在实施岗位轮换阶段，组织应安排相关人员对成员在新岗位的表现进行评估。

课程实训

结合本节内容的学习，请绘制“岗位轮换实施流程”。

实训指导：

员工岗位轮换一般是由人力资源部基于员工职业生涯规划以及公司用人需求，制订相应的岗位计划。设计出的流程至少需包括确定轮岗目标、制订轮岗计划、发出轮岗通知、办理轮岗受训等步骤，设计出的流程为公司轮岗管理工作的规范化提供了有效的保障。

下文是员工轮岗实施流程示例，供读者参考。

员工轮岗实施流程

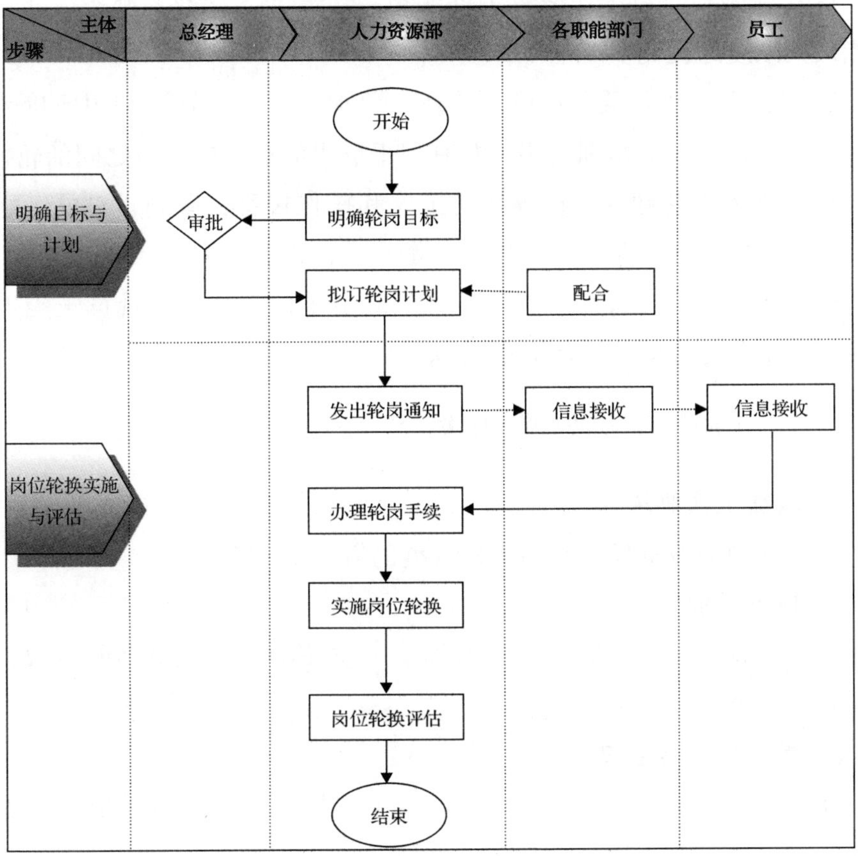

三、工作专业化

工作专业化（Job Specialization），又称“充实工作内容”，通过改变工作内容和责任层次来向员工提供更具挑战性的工作。

工作专业化是对工作责任的垂直深化，通过对工作动作和时间的研究，将工作分解为若干单一化、标准化及专业化的操作内容与操作程序，并对员工进行培训和适当的激励，从而提高工作效率。工作专业化程度越高，所包含的工作任务范围就越窄，重复性越强；反之，工作专业化程度越低，工作任务范围越宽，变化就相对越多。

（一）工作专业化的特点

1. 工作专业化将工作分解为许多单一、专业、标准的操作单元，因此能最大限度地提高员工的工作效率。

2. 工作专业化降低了对员工的技术要求，可以更好地利用廉价劳动力，同时节省员工的培训费用，并有利于员工的在不同岗位之间的轮换。

3. 工作专业化建立了标准化的工序和操作规程，有利于对员工生产数量和质量的管理控制，保证生产均衡和工作任务的完成。

值得注意的是，这种方法可能会忽略员工的反应，出现员工因不满和厌烦情绪而导致旷工或离职的问题。

（二）实施工作专业化的要求

1. 增加工作要求

应以增加岗位责任和提高工作难度的方式来改变工作。

2. 适当增加授权

在管理者保留最终决策权的前提下，应该给予员工更多的授权，使其对工作有更多的支配权。

3. 赋予员工自主权

在一定的限制范围内，应该允许员工根据自身情况自主地安排工作进度。

4. 反馈

应将有关工作业绩的信息定期、及时地反馈给员工本人，而不仅仅是反馈给上级管理者。

5. 培训

创造有利的环境为员工提供培训机会，来满足其个人学习和发展的需要。

四、工作扩大化

随着现代化科学技术的迅速发展，企业的劳动分工越来越细，严密的分工与协作虽然大幅度地提高了劳动或工作效率，促进了组织各项活动的顺利发展，但也随之带来一些问题，如工作单调乏味、员工情绪低落、出现消极对抗现象、缺勤和离职率居高不下等。20 世纪 40 年代到 60 年代这一时期产生了工作扩大化的方法，用来临时性地解决工人对工作不满的情况。

工作扩大化（Job Enlargement）是指扩大员工工作的范围，使员工有更多的工作可以做，从而为员工提供更多的工作种类并增加工作强度。工作扩大化改进方法是横向上工作内容的扩大，即扩大工作范围或工作多样性。例如，某一员工原来做一道工序，现在扩大为做多道工序。该方法是通过增加某一岗位的工作内容，使员工的工作范围和种类增加，要求员工掌握的知识和技能也更多，从而提高员工的工作兴趣与积极性。

（一）主要途径

运用工作扩大化改进方法的途径主要有两种，即横向工作装载扩大法和纵向工作装载扩大法，其中“装载”是指将某种任务和要求纳入工作岗位的结构中。

1. 横向工作装载扩大法

横向工作装载扩大法是横向扩大工作的一种途径。

横向工作装载扩大法适用于工作内容单调乏味，引发员工情绪低落或产生不满情绪等情况。横向工作装载扩大法是从横向上扩大岗位的工作范围。例如，将属于分工很细的作业单位合并，由一人负责一道工序改为几个人共同负责几道工序；在单调的作业中增加一些变动因素，分担一部分维修保养、清洗润滑等辅助工作。又如，采用包干负责制，由一个人或一个小组负责一项完整的工作；降低流水线传动速度，延长加工周期，用多项操作代替单项操作，等等。

2. 纵向工作装载扩大法

纵向工作装载扩大法是纵向扩大工作的一种途径。纵向工作装载扩大法是从纵向上增加岗位的任务与职责，工作范围沿组织形式的方向垂直扩大。

纵向工作装载扩大法适用于工作岗位职责单调、任务单一，工作枯燥乏味，使员工产生厌倦心理，进而导致出勤率下降等状况。例如，生产工人参与计划制订，自行决定生产目标、作业程序、操作方法，检验和衡量工作质量和数量，并进行经济核算；生产工人不但承担一部分生产任务，还参与产品试制、设计、工艺管理等多项技术工作。这种方法使岗位工作范围、责任增加，改变了员工对工作感到单调、乏味的状况，从而有利于提高劳动效率。

（二）优缺点分析

工作扩大化方法的运用提高了工作的质量和效率，降低了劳务成本，增加了组织成员的工作满意度，克服了分工过细、专业化过强、工作多样性不足等缺点，使生产管理变得更加具有灵活性。工作扩大化是工作数量在水平方向上的扩展，通过增加某种工作的内容，使组织成员的工作内容增加。这种方法确实会产生一定的积极作用。

但是，工作扩大化方法的本质是工作加荷，并且通常所增加的新工作同组织成员此前所承担的工作内容基本相似，这种工作任务水平方向上的扩展，并不能增加工作的难度和创造性，在组织成员参与、控制与自主权方面，没有增加任何新的东西，其激励作用相当有限。因此，在使用工作扩大化方法时，要注意同时运用其他的岗位关系改进方法，与之相结合使用。

（三）需注意的问题

组织在运用工作扩大化方法时，要避免出现以下几个问题。

1. 通过提高定额来挑战员工的能力，在没有激励性的工作任务上加码。

2. 在原来的无意义工作上增加一些新的无意义工作。

3. 在几项需要丰富化的工作中进行轮换。

4. 在扩大工作内容的同时降低工作难度。

课程实训

结合本小节内容的学习，请设计一则“工作扩大化实施方案”。

实训指导：

工作扩大化实施方案是针对公司内部因岗位的工作内容设置不当等问题，所提出的一个解决问题的方案，同时能够确保有效执行。因此，在编制方案时，必须有明确的对象，施行的范围、领域及解决措施。

下文是工作扩大化这一方法运用到实践中的一则操作范本，供读者参考。

<table>
<tr><td rowspan="2">方案名称</td><td rowspan="2">工作扩大化实施方案</td><td>文本编号</td><td></td></tr>
<tr><td>生效日期</td><td></td></tr>
<tr><td colspan="4">一、工作扩大化的实施背景
随着公司的逐步发展，岗位分工日趋明确化、细致化，因此一些问题也随之凸显出来，主要表现在以下几个方面。
1. 工作、生产效率下降。
2. 员工情绪低落。
3. 缺勤率、离职率居高不下。
4. 许多员工抱怨岗位工作单调乏味。</td></tr>
</table>

为解决上述问题，特开展此次工作扩大化工作。

二、工作扩大化的目标

1. 进行岗位工作分析，确定岗位职责。

2. 建立规范的工作分析流程和执行标准。

3. 运用工作扩大化方法进行岗位改进，改善岗位关系。

三、实施方法

此次工作扩大化是在工作分析的基础上进行的，采取的主要方法是分析法、问卷调查法和访谈法。

四、成立工作扩大化小组

公司组建工作扩大化项目小组，人力资源部经理为工作扩大化项目小组组长，小组成员包括人力资源部全体成员及外聘专家，各部门相关人员予以协助。

五、进行工作分析

本公司此次进行工作分析的主要内容见下表。

工作分析内容一览表

分析要项	具体分析的内容	
一般资料分析	岗位名称	岗位名称标准化，按照有关岗位分类、命名的规定或通用的命名方法和习惯确定岗位名称
	岗位代码	各项岗位按照统一的代码体系编码
	岗位地点	
	工资等级	
	职务等级和岗位类型	
岗位规范分析（全面认识要分析的岗位）	岗位任务分析	明确规范岗位行为，如岗位的中心任务、岗位内容、岗位的独立性和多样化程度，完成岗位的方法和步骤，使用的办公用品和材料等

续表

分析要项	具体分析的内容	
岗位规范分析（全面认识要分析的岗位）	岗位责任分析	通过对岗位重要性的了解，配备相应权限，保证责任和权力相对应；同时，尽量用定量的方式确定责任和权力
	督导与组织关系分析	了解岗位的协作关系和隶属关系，具体包括直属上级、直属下级、该岗位制约哪些岗位、受哪些岗位制约、在哪些岗位范围内升迁或调换、协作关系等
	岗位标准分析	
	岗位考评要素分析	
	聘用条件分析	包括岗位工时数、工资结构、支付工资方法、福利待遇、该岗位在组织中的正式位置、晋升机会、岗位的季节性、进修机会等

六、编制岗位说明书

（一）确定岗位职责

根据岗位分析结果编制出明确的岗位说明书。下面以研发专员这一岗位为例，加以说明。

岗位名称	研发专员	所属部门	研发部
直接上级	研发主管	直接下级	
任职资格	1. 大学本科以上，具有产品研发、产品研制的相关专业知识 2. 两年以上相关产品研发经验		
职责一	职责表述：产品研发工作		
	工作任务	按产品研发计划开展研发活动	
		对产品的研发进度进行合理控制，按时、保质、保量地完成研发任务	
		积极与相关部门和人员进行沟通、联系，寻求相关支持和保障	
		撰写新产品研发报告	

续表

职责二	职责表述：研发产品测试	
	工作任务	测试计划与测试标准的确定
		测试过程的控制
		编写测试报告，核实测试数据
		测试仪器的管理

（二）岗位工作扩大化

通过对研发专员岗位的分析，对这一岗位进行工作扩大化改进，经问卷调查、访谈与讨论分析，确定新的岗位职责，最终形成岗位说明书如下。

岗位名称	研发专员	所属部门	研发部
直接上级	研发主管	直接下级	
任职资格	1. 大学本科以上，具有产品研发、产品研制的相关专业知识 2. 两年以上相关产品研发经验		
职责一	职责表述：新产品研发市场调研工作		
	工作任务	根据研发主管的安排，广泛开展市场调研工作	
		调研国内外产品发展趋势，提供趋势分析报告	
		从销售部获取产品信息、提出产品革新的建议	
		与生产部协调，提出产品革新方案	
职责二	职责表述：参与制订产品研发方案		
	工作任务	根据企业总体研发计划的要求，参与制订产品研发方案	
		参与产品研发方案讨论会议，提出相关意见和建议	
		提供相关资料，为确定研发课题奠定基础	
		参与新产品研发方案的论证	
		实施研发方案	

续表

职责三	职责表述：产品研发工作	
	工作任务	按产品研发计划开展研发活动
		对产品的研发进度进行合理控制，按时、保质、保量地完成研发任务
		及时发现研发过程中的各种问题和隐患，提出解决方案
		积极与相关部门和人员进行沟通、联系，寻求相关支持和保障
		撰写新产品研发报告
职责四	职责表述：研发产品测试	
	工作任务	测试计划与测试标准的确定
		测试过程的控制
		编写测试报告，核实测试数据
		测试仪器的管理
职责五	职责表述：新产品鉴定	
	工作任务	研发项目阶段性或全面完成后，及时报告相关领导，协助研发主管组织鉴定
		参与研发项目验收、鉴定，提供相关数据和资料
		负责新产品专利、产品认证的申请、报批工作

七、反馈与改进

实施工作扩大化改进方案后，应随时对改进的岗位进行跟踪与监测，同时收集岗位员工的反馈信息，如发现问题，应及时处理并改进。

五、工作丰富化

工作丰富化（Job Enrichment）是指在岗位现有工作的基础上，通过充实工作内容，增加岗位的技术和技能含量，使现有岗位的工作更加多样化、充实化，消除组织成员因从事单调乏味工作而产生的枯燥厌倦情绪，从心理和生理上满足组织成员的合理要求。

（一）理论基础

工作丰富化实际上是双因素理论的一种应用，美国管理理论家弗雷德里克·赫茨伯格在《工作的激励因素》一书中提出了双因素理论。

该理论认为：当工作中缺乏保健因素时，组织成员就会对工作产生不满情绪；当保健因素增加时，组织成员的不满情绪虽然会消除，但是并不会产生对组织成员的激励；当涉及工作内容本身的激励因素（包括同事的认可、领导的赏识以及工作的挑战性、自主性、责任、成就感等）增强时，就会提高对组织成员的激励水平，获取较高的工作绩效。

工作丰富化是纵向上工作的深化，是工作内容和责任层次上的改变。工作丰富化是以组织成员为中心的工作再设计，它是一个将公司的使命与职工对工作的满意程度联系起来的概念。运用这一方法，可以使每个组织成员的贡献都得到认可，与此同时，也强调了组织使命的有效完成。

（二）适用条件

工作丰富化方法有一定的使用前提，组织进行工作丰富化时需要满足以下条件。

1. 员工绩效低落的原因是激励不足而不是其他原因。
2. 不存在其他更容易的岗位改进方法。
3. 保健因素（薪酬、工作环境等）必须满足。
4. 岗位工作本身已经不具有激励潜力。
5. 工作丰富化方法在技术上和经济上可行。
6. 员工必须愿意接受。

(三) 使用要求

组织在运用工作丰富化方法时，还应注意满足以下 6 个方面的要求。

1. 任务的多样化

尽可能地让员工从事不同设备的操作或者多种不同性质的工作，实现“一专多能”。

2. 任务的整体性

使员工明确本岗位多承担的任务与组织的总任务、总目标、总过程的关系，明确组织的总目标是什么，本部门的目标是什么，本岗位的目标是什么。

3. 明确员工责任

使员工明确完成本岗位工作任务的重要作用和实际意义，明确其控制产品质量，保持生产的计划性、连续性及节奏性的责任，增加员工责任感。

4. 赋予员工自主权

赋予员工一定的工作自主权和自由度，给员工充分表现自己的机会。在确保单位总目标和部门分目标实现的前提下，可以让员工自行设定中短期的工作目标和任务，提高员工的责任感，提升激励度。

5. 反馈

上级应将有关员工工作绩效的数据及时地反馈给员工。员工通过该数据可以了解自己的工作绩效，形成工作满足感。

6. 培训与考核

组织要为员工提供学习的机会，以满足员工成长和发展的需要。同时，定期组织员工工作绩效考核，并根据考核结果给予相应的报酬与奖励。

(四) 实施程序

工作丰富化可以增加工作的多样性、完整性、重要性、自主性、反馈性以丰富工作的内容，具体过程可采取5个步骤。

1. 创建工作组

当一个任务过于庞大或者复杂而不适合单人完成时，工作组可以被创建。

2. 合并任务

尽可能把独立的和不同的工作合成一个整体。

3. 建立和顾客之间的联系

这意味着使生产者和产品的使用者（其他生产部门、顾客、销售团体等）相联系。这样可以让生产者明确产品被判断的标准。

4. 直接分派任务，降低监管

尽可能地给生产者计划、参与、控制自己工作的权力。这样，不需要经过其他部门专门培训，生产者的控制能力就会获得提高。这种控制能力也意味着给生产者计划工作、控制存货、预算资金和质量控制的权责。

5. 使反馈信息更直接

让生产者能够直接监管自己的产品或服务，如果用户使用产品出现任何问题可以直接和生产者联系。

（五）实施要点

工作丰富化试图使工作具有更高的挑战性和成就感，它通过赋予多样化的内容使工作丰富起来。下列措施可以使工作丰富化起到更高水平的激励作用。

1. 在工作方法、工作程序和工作速度的选择等方面给下属以更大的自由，或让他们自行决定接受还是拒绝某些材料或资料。

2. 鼓励下属人员参与管理，鼓励员工之间相互交往。

3. 放心大胆地任用下属，以增强其责任感。

4. 采取措施以确保下属能够看到自己为工作和组织所作的贡献。

5. 最好是在基层管理人员得到反馈以前，把工作完成的情况反馈给下属。

6. 在改善工作环境和工作条件方面，如办公室或厂房照明和清洁卫生等，要让员工参与并让他们提出自己的意见或建议。

（六）优缺点分析

运用工作丰富化这一方法，可以使每个组织成员的贡献都得到认可，同时，也使组织的目标得以有效完成。但是，对所有组织成员来说，并不是每个组织成员都愿意增加自己的责任和挑战。组织在选择这一方法时，应该对组织所有的成员有一个全面的了解，不能把工作丰富化强加于每一个组织成员身上。

同时，工作丰富化存在它的不足，它不能够完全、彻底地克服生产过程中的问题和组织成员的不满意情况。如果组织在工资、福利等方面不能满足组织成员的需要，工作丰富化也很难解决组织成员的抱怨。

（七）与工作扩大化的区分

工作扩大化和工作丰富化虽然都是岗位关系的改进方法，但两者存在着明显差异。工作扩大化方法是通过增加任务、扩大岗位任务结构，使组织成员完成任务的内容、形式和手段发生变更。而工作丰富化方法是通过岗位工作内容的充实，使岗位的工作变得丰富多彩，更有利于组织成员的身心健康，促进组织成员综合素质的逐步提高和全面发展。

六、工作满负荷

工作满负荷是指每一个岗位的工作量应当满负荷，使有限的工作时间得到充分利用，这是岗位设计与岗位改进的一项基本任务。

工作满负荷以“人尽其力、物尽其用、时尽其效”为核心，在一定阶段内和特定条件下，使企业内部人、财、物等诸因素达到其应有（或额定）的性能，并适当地进行组合，从而使工作的整体效率和效益达到最高。

工作满负荷法的内涵包括以下 4 个内容。

（一）经营工作满负荷

经营工作满负荷主要指供应和销售，即按照企业设备生产能力确定销售目标和原材料供应目标，达到产、供、销高度协调。

（二）物资使用满负荷

企业生产经营所需的原辅材料、工房和厂地都要达到充分利用，其中，原辅材料的消耗，以企业历史最好水平为基数，逐年降低消耗指标。

（三）人员工作量安排满负荷

按照“人尽其力”的原则进行定员定额，推行生产标准定额，把每个员工的工作量安排饱满。在生产部门，按工作量定岗位，按岗位定人员。在行政和服务部门，推行一专多能、一人多职，把非生产人员压缩到最低限度。同时要提高工时利用率，使 8 小时工作时间得到充分利用。

（四）设备运转满负荷

除正常维修检修所占用的时间外，所有生产设备的平均开车率必须达到 90%以上，才算满负荷。

七、岗位工时制

岗位工时制是指通过设计合理合法的工作时间制度，科学地安排不同类型岗位员工的工作轮换和工作时间，达到提高时间利用效率、满足员工工作和休息需要的目的。企业常用的工时制度包括标准工时制、综合计算工时制、不定时工时制和弹性工时制。

（一）标准工时制

标准工时制是运用最为广泛的一种工时制度。在标准工时制下，根据我国劳动法及相关法律法规的规定，工人每天工作的最长工时为 8 小时，周最长工时为 44 小时，标准工时制还有以下几个要求。

1. 用人企业应保证员工每周至少休息 1 天。

2. 因生产经营需要，企业经与工会和员工协商，一般每天延长工作时间不得超过 1 小时。

3. 因特殊原因需要延长工作时间的，每天延长工作时间不得超过 3 小时，每月延长工作时间不得超过 36 小时。

根据标准工时制的规定，员工的工作时间比较固定，且延长工作时间有明确，严格的限制条件，既保证了企业生产经营的需要，又保障了员工休息的需要。

（二）综合计算工时制

综合计算工时制是以标准工时制为基础，以一定的期限为周期，综合计算工作时间的工时制度。

1. 一般以月、季度、年为周期综合计算工作时间。

2. 其平均日工作时间和平均周工作时间应当与法定标准工作时间基本相同，即在综合计算周期内，某一具体日（或周）的实际工作时间可以超过 8 小时（或 40 小时），但综合计算周期内的总实际工作时间不能超过总法定标准工作时间。

3. 实行综合计算工时制，无论劳动者平时工作时间数为多少，只要在一个综合工时计算周期内的总工作时间数不超过以标准工时制计算的应当工作的总时间数，就不视为加班。

（三）不定时工时制

实行不定时工作制的员工，不受劳动法规定的日延长工作时间标准和月延长工作时间标准的限制，企业应采取适当的休息方式，确保员工的休息休假权利和生产。实行不定时工时制，除法定节假日工作外，其他时间工作不算加班。

企业对符合下列条件之一的员工，可以实行不定时工作制。

1. 企业中的高级管理人员、外勤人员、推销人员、部分值班人员和其他原因工作无法按标准工作时间衡量的职工。

2. 企业中的长途运输人员、出租汽车司机和铁路、港口、仓库的部分装卸人员以及因工作性质特殊需机动作业的职工。

3. 其他因生产特点、工作特殊需要或职责范围的关系，适合实行不定时工时制的职工。

不定时工时制使得工作时间无法固定的员工工作时间安排既可以符合法律的规定，又能满足工作时间的不确定性，做到最为灵活地安排员工的工作时间，有效减少成本。

（四）弹性工时制

弹性工时制，是指在完成规定的工作任务或固定的工作时间长度的前提下，员工可以自由选择工作的具体时间，以代替统一固定的上下班时间的工作制度。

1. 主要形式

弹性工时制从人性化的角度出发，允许员工的工作模式有差异，其主要形式有 3 种。

（1）核心时间与弹性时间结合制

把一天的工作时间分为核心工作时间和弹性工作时间两部分。核心工作时间是指组织规定的每天某几个小时所有员工必须到班的时间。弹性工作时间是指员工可以在这部分时间外自由选择上下班的时间。员工核心工作时间和弹性工作时间加起来的总时间符合组织规定的要求即可。

(2) 成果中心制

成果中心制，是指组织对员工的工作表现只考核其成果，不规定其具体的工作时间，员工只要在所规定的期限内保质、保量地完成任务即可。

(3) 紧缩工作时间制

紧缩工作时间制是指员工可以将一个星期内的工作压缩在两三天完成，剩余时间由自己随意处理。

2. 弹性工时制的优缺点

(1) 优点

一方面，适度的工作弹性可以让员工灵活地处理个人生活与工作之间的关系，还可以按照自己的方式和节奏工作；另一方面，员工感到个人的权益得到了尊重，会产生对工作的责任感，提高工作满意度和激情。

(2) 缺点

当管理者想在核心工作以外的时间对下属进行工作指导时，会带来一定程度上的不便。

3. 适用的条件

(1) 工作能进行准确的绩效考核。

(2) 组织的实际经营特点允许实行弹性工时制。

(3) 企业有较规范、完善的管理制度。

(4) 管理人员有较高的管理水平。

在进行工作设计时，要考虑组织中的多种因素，如工作任务、工作所需的技能及员工自身的特点等，而且要合理地选择工作设计的方法。

考虑到知识型员工的特点，如关注自我价值的实现，自主意识强、挑战性强等，在对知识型员工的工作进行设计时，可以考虑从授权、目标激励、成就导向等方向出发进行工作设计。

八、劳动环境优化

劳动环境优化是指利用现代科学技术，改善劳动环境中的各种因素，建立起“人—机—环境”的最优化系统。所谓劳动环境指的是劳动者所在的劳动场所的外部环境条件，主要是指对劳动者身心健康产生影响的各种有害因素。劳动环境不同，在相同时间内其他劳动因素不变，所需付出的劳动消耗量是不同的。

为员工创造一个舒适、安全且有效率的劳动环境，是岗位设计的一项重要工作内容。劳动环境优化涉及的范围很广，主要涉及以下两类因素。

（一）影响劳动环境的物质因素

1. 工作场地的设置

工作场地设置符合工种要求，人员安排合理，人数适中，不能过分拥挤以致影响相互的工作进行，也不能太过稀松或分散，增加沟通成本，影响沟通效果。

2. 照明与色彩的设计

工作环境中的采光一般有自然采光和人工照明两种形式。在设计照明时，应尽量利用自然光，因为自然光线柔和，而且对人体机能还有良好影响，一般应以人眼观察物体舒适度为标准。

在劳动环境中选用适当的色彩，不仅可以调节人的情绪，还可降低人的疲劳程度。在工厂厂房（包括设备外壳）主要视力范围内的基本色调宜采用黄绿色或蓝绿色。色彩还可以影响人的情绪，明快的色彩使人感到轻松愉快，阴郁的色彩则会令人心情沉重。

3. 设备、机械、仪器的配置

作业场所的设备、机械、仪器等的设计、放置应符合人体工学，方便取用、操作，减少不必要的动作，节省操作人员体力和时间。同时，设备、机械、仪器的装配应符合相关的安全标准和规定，保障工人的操作安全。

（二）影响劳动环境的自然因素

1. 温度和湿度

工作地要保持正常的温度与湿度，要根据不同的作业性质和不同的季节气候，采取必要的措施。

2. 噪声

在劳动环境中可以通过更新或改造设备的方法消除或减弱噪声源，用吸声或消声设备控制和防止噪声传播，把高噪声和低噪声的机器设备分别排放，集中治理；采取个人防护措施等方法控制劳动环境中的噪声，以免对员工身体健康造成严重危害。

3. 厂区绿化

厂区绿化是优化劳动环境的一项重要工作。绿化不仅能改善工厂的自然环境，还能为劳动环境中各种因素的优化起到辅助作用。绿化厂区是一项投资少、收益大的“基本建设”。绿化可以吸收有毒气体，杀死细菌，吸滞灰尘，降低风速，减弱噪声，增加空气湿度，降低温度，净化空气。

九、持续改进与流程再造

（一）持续改进

持续改进（Continual Improvement）就是增强满足要求的能力的循环活动。制定改进目标和寻求改进机会的过程是一个持续过程，该过程使用审核发现和审核结论、数据分析、管理评审或其他方法，其结果通常导致纠正措施或预防措施。持续改进是对于生产体系的改进，是运营管理的一部分，需依靠逐级负责的管理方式得以实现。

通过持续实施改进过程，将使组织和个体都着眼于组织发展的长远利益，有利于知识分享、组织创新、产品质量提高、学习型组织的形成，从而促进组织质量的标准化形成并持续改进，令组织又好又快发展。

持续改进与流程再造是统一的，持续改进对实施流程再造有积极影响；与单独实施流程再造相比，整合实施持续改进与流程再造的组织绩效更显著。一方面，持续改进为流程再造创造条件和积累经验，以促进流程再造的顺利实施；另一方面，流程再造可以为持续改进开辟新的思路与方向。持续改进与流程再造之间有着紧密的内在联系，可以将它们统一起来共同实现组织绩效的目标。

（二）流程再造

流程再造（Process Reengineering），主要指业务流程再造，是组织为了提高运转效率，提高整体绩效水平，对原来的业务流程进行重新设计，从根本上重新思考、彻底改造业务流程，优化管理资源和市场资源配置，提高组织管理系统效率的方法。

流程再造，就是重新设计和安排组织的整个生产、服务和经营过程，使之合理化。通过对组织原来生产经营过程的各个方面、每个环节进行全面的调查研究和细致分析，对其中不合理、不必要的环节进行彻底的变革。

1. 流程再造的原理

流程再造的原理可以概括为 4 项原则，即“减少/清除、简化、整合、自动化”，英文对应为“E（Eliminate）、S（Simplify）、I（Integrate）、A（Automate）”，可以简称为“ESIA”。“ESIA”是减少流程中非增值活动以及调整流程的核心增值活动的实用原则。具体内容见表 7-1。

表 7-1　“ESIA”原则说明表

原则	具体项目
减少/清除	减少或清除活动间的等待、过量产出、不必要的运输、重复加工、过量库存、缺陷/失误、重复活动、反复检验、跨部门协调

续表

原则	具体项目
简化	1. 简化表格。许多表格在流程的运作中没有实际作用，重新设计表格可减少不必要的工作量 2. 简化程序。整合一些工作内容，提高流程结构性效率 3. 简化沟通。简化沟通过程，避免沟通的复杂性 4. 简化物流。调整任务顺序或增加信息的提供，简化物流
整合	1. 整合活动。将活动进行整合，整合后使一个人完成一系列简单活动，实现流程与流程之间的“单点接触”，提高工作效率 2. 整合团队。合并专家组成团队，形成“个案团队”或“责任团队” 3. 整合顾客（流程下游）。整合客户组织和自身的关系，将自己的服务融进顾客组织的流程里 4. 整合供应商（流程上游）。消除组织和供应商之间的一些不必要的手续，建立信任和伙伴关系，整合双方流程
自动化	1. 数据采集与传输自动化。减少反复的数据采集，并降低单次采集的时间 2. 数据分析自动化。通过分析软件，对数据进行收集、整理与分析，加强对信息的利用率 3. 乏味工作自动化。脏活、累活与乏味的工作实现自动化

2. 流程再造的操作步骤

流程再造法的具体操作主要包括以下 8 个步骤。

（1）确定业务流程再造的框架，包括指导原则、操作过程及工具。

（2）明确流程再造的目标，确定流程再造的团队人员。

（3）分析组织流程现状，对现有流程进行描述，分析其特性。

（4）对组织现有流程进行全面诊断，识别流程再造的机会。

（5）根据组织业务流程重组的目标，系统性地重新设计业务流程。

（6）在完成业务流程的重新设计后，要为新的流程制定实施计划。

（7）在组织中实施新的业务流程，配备新技术、培训组织成员、编制文件等。

（8）流程再造后，要对新的流程进行不断完善，以适应未来环境的变化。

本章自测题

1. 进行工作设计时，需考虑哪些影响因素？

2. 谈谈岗位轮换这一方法的优缺点。

3. 简述工作扩大化实施的具体途径。

4. 若要运用工作丰富化方法进行工作再设计，组织应注意满足哪些要求？

5. 简述工作扩大化与工作丰富化的区别。

6. 弹性工作制在具体实践中有哪几种形式？

第八章　工作评价

学习目标

➢了解工作评价的概念及作用
➢了解工作评价的原则及特点
➢知晓工作评价5要素的内容
➢了解工作评价的实施程序
➢准确提炼工作评价指标
➢灵活运用工作评价方法实施岗位评估

引导案例

某贸易公司业务发展稳定，业绩良好。为了实现下一个战略目标，公司对其组织结构进行了相应调整，新设置了许多岗位，以提高对市场的反应速度。现在企业需要对这些新增的岗位设计出合理的薪酬，因此需要事先对其进行岗位评价。

公司实际情况包括以下几种。

1. 由于组织结构进行了较大的调整，出现了很多新设的岗位，参加岗位评价的员工不可能对岗位性质有充分的了解，而且岗位本身也存在因业务需要进行调整的可能性。

2. 岗位评价的目的是解决薪酬问题，而薪酬问题的核心是解决内部公平性问题。因为薪酬水平远高于市场水平，外部公平性几乎不必考虑。

3. 岗位数量较少，而且岗位的层次比较清晰，可以明确界定出高层、中层部门经理、主管和普通员工四个层级。

基于上述原因，公司采用了岗位分类法来对岗位进行评价，并较好地达到了预定的目标。

该公司因战略发展需要对部分岗位进行评价，并且结合本公司实际情况，选择了合适的岗位评价方法，因此，顺利地达成了预期的工作目标，是一则成功的范例。

第一节　工作评价概述

一、工作评价的概念

工作分析是进行工作评价的前提。工作评价又称职位评价或岗位评价，是在工作分析的基础上，对岗位的责任大小、工作强度、所需资格等条件进行评价，以确定岗位相对价值等的过程。合理的工作评价为建立公平合理的薪资和奖励制度提供科学依据，为招募甄选、岗位管理、绩效考评等人力资源决策提供参考。

二、工作评价的作用

工作评价在组织人力资源管理工作中的作用主要体现在以下 3 个方面。

（一）确定岗位级别的依据

工作评价是在岗位分析的基础上，按照一定的客观衡量标准，对岗位的责任、能力要求、努力程度与工作环境等方面进行系统的、定量的评价，其结果为岗位等级的划分提供了清晰的依据。

（二）组织内部薪酬分配的基础

工作评价解决的是薪酬的内部公平性问题。通过工作评价得出的岗位等级，反映了其对公司的贡献，其结果便于确定岗位工资的差异。

（三）为员工的晋升与职业发展提供参考依据

员工在组织内部流动时，需要参考各岗位等级的划分情况。工作评价一方面便于员工清晰地理解组织的价值导向，另一方面也为员工指明了努力的方向。

三、工作评价的原则

工作评价不仅需要花费组织大量的人力、物力、财力，还涉及专业技术知识。因此，为保证工作评价工作的顺利开展，提高评价的科学性与有效性，在工作评价实施的过程中，应遵守以下原则。

（一）广泛性原则

广泛性原则是指工作评价的参与者必须包括组织各层级的员工，依照一定比例确定岗位评价委员会的组成人员，充分反映管理者和员工的意愿。

（二）标准化原则

工作评价的标准化原则表现在评价指标的统一性、各评价指标的统一评价标准、评价技术方法的统一规定和数据处理的统一程序等方面。

（三）优化性原则

优化性原则是指在工作评价各项工作环节、工作评价的方法和步骤选择上，均要寻求有效方案，保证组织和员工的良性发展。

（四）科学性原则

科学性原则是指对工作评价的标准进行科学界定、对工作评价结果进行科学处理，对工作评价环境进行科学控制，增强工作评价结果的权威性。

四、工作评价的特点

工作评价这一环节的工作，具有以下 3 个特点。

（一）评价的对象是岗位

工作评价的中心是“事”不是“人”。工作评价虽然也会涉及员工，但它是以岗位为对象，即以岗位所担负的工作任务为对象进行的客观评比和估计。

（二）明确岗位相对价值

工作评价根据事先规定的、比较系统的、全面反映岗位特征的岗位评价指标体系，对岗位的主要影响因素逐一进行测定、评比和估价，由此得出各个岗位的相对值。其结果为各个岗位的对比提供了依据基础，并据此对岗位划分出不同的等级。它反映的是岗位的相对价值，而不是绝对价值。

（三）需要运用多种技术和方法

一般情况下，对组织内部的岗位进行评估，需综合运用岗位排列法、分类法、评分法、因素比较法等多种方法才能对多个评价因素进行准确的评定或测定，最终得出合理的评价结果。

五、工作评价的要素

工作评价的要素，是指构成并影响岗位工作的主要因素，工作评价具体测量、评比的对象就是这些要素。工作评价要素以及构成这些要素的指标的合理确定则是确保工作评价工作质量的前提。

影响岗位工作数量和质量的因素，概括来讲包括劳动责任、劳动技能、劳动强度、劳动环境和劳动心理，每种评价要素的具体内容见表 8-1。

表 8-1　　工作评价要素

要素	内容说明
劳动责任	岗位在生产过程中的责任大小，反映岗位员工智力付出和心理状态
劳动技能	岗位在生产过程中对员工技术素质方面的要求，反映岗位对员工智能要求程度
劳动强度	生产过程中对员工身体的影响，反映员工体力消耗等
劳动环境	主要指工作环境中的危害对员工的影响程度
劳动心理	社会对某类岗位的各种舆论对该岗位人员在心理上所产生的影响

在实际工作中，组织可根据岗位的特点，灵活选择各个要素实施工作评价。

六、工作评价的程序

工作评价的程序如图 8-1 所示。

1. 进行岗位分类时要按工作的性质将组织的全部岗位分为若干大类。

2. 收集汇总有关岗位的信息和资料时的主要参考依据为编制好的职务说明书。

3. 对工作评价小组的要求包括以下方面。

（1）工作评价小组成员熟悉现代人力资源管理的基本理论。

（2）工作评价小组成员学习过岗位分析和岗位研究的理论与操作方法。

（3）工作评价小组通常由 4~5 人组成，不可太多。

4. 在广泛收集资料的基础上，找出与岗位有直接联系的、密切相关

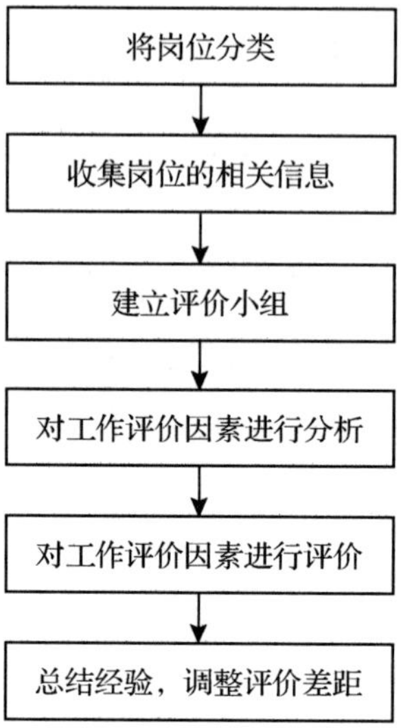

图 8-1　工作评价程序图

的各种因素并做出定义。

5. 规定统一的评价指标和衡量标准，设计各种问卷和表格，进行岗位评估。

不同的企业有着不同的薪酬理念和实际情况，同一报酬因素在不同企业的程度等级上划分也不同。评价小组必须对报酬因素及其等级划分的理解充分一致，评价工作才能保证其客观性。

6. 总结经验，及时调整。评价小组对评价标准的掌握可能会有差距，最后要平衡一下，然后移交给负责薪酬设计的部门，作为基础资料。

第二节　工作评价的指标

一、工作评价指标设计

（一）工作评价指标

工作评价指标是组织在进行岗位评价的过程中，将劳动责任、劳动技能等主要影响因素根据需要分解成若干细化了的评价要素（即评价指标）。

工作评价要素具体可分解为表 8-2 所示的诸多指标。

表 8-2　　工作评价指标

工作评价要素	工作评价指标
劳动责任	（1）质量责任。评价岗位生产活动对质量指标的责任大小 （2）产量责任。评价岗位生产活动对产量的责任大小 （3）看管责任。评价岗位所看管的设备仪器对整个生产过程的影响程度 （4）消耗责任。评价岗位物资消耗对成本的影响程度 （5）管理责任。评价岗位在指导、协调、分配、考核等管理工作上的责任大小
劳动技能	（1）技术知识要求。评价岗位知识文化水平和技术等级的要求 （2）操作复杂程度。评价岗位作业复杂程度和掌握操作所需的时间长短 （3）看管设备复杂程度。评价岗位操作所需的时间长短 （4）品种、质量难易程度。评价岗位生产的产品品种规格的多少和质量要求水平 （5）处理/预防事故复杂程度。评价岗位能迅速处理或预防其易出事故所应具备的能力水平
劳动强度	（1）体力劳动强度。评价岗位劳动者体力消耗的程度 （2）劳动姿势。评价岗位劳动者主要劳动姿势对身体疲劳的影响程度 （3）劳动紧张程度。评价岗位劳动者劳动量的大小 （4）工作班制。评价岗位劳动组织安排对劳动者身体的影响
劳动环境	（1）粉尘危害程度。评价岗位劳动者健康受生产场所粉尘的影响 （2）高温危害程度。评价岗位劳动者接触生产场所辐射热对身体的影响 （3）噪声危害程度。评价岗位劳动者接触噪声所产生的影响 （4）其他有害因素危害程度。评价岗位劳动者接触化学性、物理性等有害因素对其健康的影响程度
劳动心理	评价不同岗位所形成的人心所向的差异

比较常见的岗位评价指标系统有 CRG 系统、HAY 系统和 IPE 系统。

1. CRG 系统

CRG 系统是由国际资源管理咨询集团（Corporate Resources Group）针对岗位评价设计的一整套评价指标，从职责大小、职责范围和工作复杂性 3 个方面对岗位进行评价。具体内容见表 8-3。

表 8-3　　CRG 岗位评价要素

评价要素	要素细分	要素说明
职责大小	组织影响力	➢在企业里起什么作用 ➢对企业的影响力有多大 ➢规模有多大
	监督管理职责	➢管理多少个部门 ➢管理多少个岗位 ➢管理多少个员工
职责范围	责任范围	➢独立性如何 ➢责任的宽度和广度如何
	沟通技巧	➢交往的频度如何 ➢技巧难度有多大
工作复杂性	知识技能	➢要求具备的学历学识 ➢要求具备的技能经验
	解决问题的难度	➢是否需要很强的创造性
	环境条件	➢工作环境如何 ➢具有什么样的工作条件

2. HAY 系统

HAY 系统从知识技能、解决问题能力、承担的职务责任 3 个方面对工作岗位进行评价。具体内容见表 8-4。

表 8-4　　HAY 岗位评价要素

评价要素	要素细分	要素说明
知识技能	理论知识、专业技术、实际经验	从事该岗位所需要的理论、知识、方法、技术、经验
	管理技巧	计划、组织、领导、控制、评价的能力和技巧
	人际关系	人际交往中所需要的沟通、协调、激励、关系处理等方面的技巧
解决问题能力	思维环境	特定环境对岗位任职者思维的限制程度或对其应变能力的要求
	思维难度	解决问题时岗位任职者所需要进行创造性思维的程度

续表

评价要素	要素细分	要素说明
承担的职务责任	职务责任	可能造成的经济性后果
	职务对结果的作用	后勤性作用：提供信息或服务上的支持； 咨询性作用：提出建议，补充解释说明； 分摊性作用：与他人合作，共同行动，责任分摊； 重要性作用：岗位任职者承担主要责任
	行动的自主程度	该岗位任职者在多大程度上受到指导和控制

3. IPE 系统

IPE 系统（International Position Evaluation System）是美世咨询公司（Mercer Inc）开发的一套岗位评价系统，从 4 个必备因素（影响、沟通、创新和知识）和 1 个可选因素（危险性）对工作岗位进行评价。具体内容见表 8-5。

表 8-5　　IPE 岗位评价要素

评价要素	要素细分	要素说明或等级划分
影响	组织规模	➢组织的类型 ➢营业额 ➢员工总数
	影响层次	➢交付性（多数非专业岗位） ➢操作性（多数专业岗位、基层管理岗位） ➢战术性 ➢战略性 ➢远见性
	贡献度	➢有限（对结果仅有难以辨别的贡献） ➢部分（对结果具有易于辨别的、间接的贡献） ➢直接（对结果具有直接和清晰的影响） ➢显著（对结果具有显著的或根本的影响） ➢首要（对结果具有决定性的作用）

续表

评价要素	要素细分	要素说明或等级划分
沟通	沟通情境	➢组织内部 ➢组织外部 ➢共享（各方意愿一致，达成共识） ➢分歧（无一致意愿或利益）
	沟通性质	➢传达（只需获得或提供信息，无须进行信息加工） ➢交流（根据情境灵活表述信息，使对方理解） ➢影响（通过沟通使对方接受或改变） ➢谈判（通过磋商和相互妥协最终达成一致） ➢战略性谈判（对组织具有长期战略意义和深远影响）
创新	创新复杂性	➢明确的（无须调查分析） ➢困难的（需要调查分析） ➢复杂的（需要多方面的调查分析） ➢多维的（需要调查分析并提出解决方案）
	创新要求	➢跟从（遵守既定技术、流程，不对现有内容作任何改变） ➢核查（在既定技术、流程下纠正或解决某个环节的个别问题） ➢改进（对技术、流程进行环节性的更新、改进） ➢提升（对整个流程、体系作出重大改进） ➢创造（创造市场上原本不存在的新方法、技术或产品） ➢科技突破（带来科技的变革性突破）
知识	应用宽度	➢本地（在本国或有相似文化背景的邻国） ➢区域（某一大陆地区） ➢全球（多个大陆地区）

续表

评价要素	要素细分	要素说明或等级划分
知识	知识要求	➢有限的工作知识，狭窄的技术范围 ➢基本的工作知识和技术 ➢宽广的工作知识和技术 ➢专业知识：专门的技术或知识 ➢专业水平：宽广的专门技术或知识 ➢部门专才或机构通才，特定领域或部门应用集中的专业知识 ➢杰出或宽广的实际工作经验，有丰富的机构管理经验 ➢宽广而深入的实际经验，有丰富而深入的机构管理经验
	团队角色	➢团队成员（个别贡献者，无领导其他人的直接责任） ➢团队领导（通过领导、计划、监控等方面带领团队成员） ➢团队经理（领导两个以上团队，决定团队架构和成员角色）

（二）工作评价指标分级

决定岗位的相对价值的因素是复杂的、多方面的，没有必要也不可能把所有的因素都作为岗位评价的依据。组织在对内部岗位进行评价时，只要选择合适的评价因素并对其进行合理的分级定义，即可达到科学评价岗位相对价值的目的。

表 8-6 是某企业对“劳动技能”这一评价要素的分级定义及标准，仅供参考。

表 8-6　某企业岗位评价指标体系——劳动技能因素

评价要素	等级	等级说明	分数
技术知识	1	几乎不需要掌握特殊的工作技能，具备基本的技能即可	70 分以下
	2	工作有一定的操作技巧，需要经过简单的培训（2 个月）才能掌握	70~79 分
	3	需要掌握专业的技能、了解专业理论知识和相关的培训才能掌握	80~89 分
	4	需要掌握专业的技能和其他相关领域的知识，并能熟练运用	90~100 分

续表

评价要素	等级	等级说明	分数
知识多样性	1	不需要涉及其他学科/专业知识	70分以下
	2	需要相关专业知识的支持	70~79分
	3	需要具备1~2门跨专业学科知识	80~89分
	4	需要具备2门及以上跨专业学科知识	90~100分
岗位复杂程度	1	有固定化的操作程序，很少需要作出独立判断和决策	70分以下
	2	有一部分工作有固定化的程序，有时会需要灵活处理和作出判断	70~79分
	3	需掌握1~2门专业技术，对较为复杂的事情进行处理	80~89分
	4	工作中处理大量信息，不确定因素较多，需运用多种技能和较强解决问题能力	90~100分
学历因素	1	初中及以下	20~39分
	2	高中或中专	40~59分
	3	专科或本科	60~79分
	4	硕士及以上	80~100分
语言水平	1	普通话标准、流利，会简单的英语交流	70分以下
	2	普通话标准、流利，英语水平达到国家4级	70~79分
	3	普通话标准、流利，英语水平达到国家6级	80~89分
	4	普通话标准、流利，英语水平达到国家6级以上，较好的英语写作能力且英语口语流利	90~100分
计算机水平	1	会操作基本的办公软件	50~69分
	2	国家计算机水平2级以上，熟练操作基本办公软件	70~89分
	3	国家计算机水平2级以上，掌握多种办公软件且操作熟练	90~100分
资格证书	1	无职业资格证书要求	20~39分
	2	取得初级职业资格证书或者具备相当于初级资格职称的水平	40~59分
	3	取得中级职业资格证书或者具备相当于中级资格职称的水平	60~79分
	4	取得高级职业资格证书或者具备相当于高级资格职称的水平	80~100分
工作经验	1	无工作经验的要求	60分以下
	2	1年左右的工作经验	60~69分
	3	1~2年的工作经验	70~79分
	4	3~5年（含3年）的工作经验	80~89分
	5	5年及以上的工作经验	90~100分

课程实训

结合本节内容的学习，请为某生产企业设计一套“工作评价指标体系”。

实训指导：

进行工作评价，首先要有一套适用于本企业生产经营特点的岗位功能测评指标体系。对生产企业而言，其岗位群体可以大体分为 4 大类：管理者、技术人员、行政服务人员以及操作工人。在选取工作评价的要素时，可从劳动责任、劳动技能、劳动强度、劳动环境这 4 个要素中来设计评价指标。

下面是某生产制造企业按工作评价的 4 大要素，以百分制测评设计的工作评价指标体系。供读者参考。

某生产企业岗位评价指标体系

<table>
<tr><th colspan="2">评价要素</th><th>分值（单位：分）</th><th>备注</th></tr>
<tr><td rowspan="4">劳动责任</td><td>产量责任</td><td>15</td><td rowspan="4">劳动责任即劳动者在企业生产、安全、消耗、管理等方面所负责任的差别</td></tr>
<tr><td>质量责任</td><td>10</td></tr>
<tr><td>安全生产责任</td><td>15</td></tr>
<tr><td>消耗责任</td><td>15</td></tr>
<tr><td rowspan="3">劳动技能</td><td>知识要求</td><td>10</td><td rowspan="3">劳动技能是指岗位在生产过程中对劳动者素质方面的要求，主要反映岗位对劳动者智能要求的程度</td></tr>
<tr><td>技能要求</td><td>10</td></tr>
<tr><td>设备操作复杂程度</td><td>5</td></tr>
<tr><td rowspan="3">劳动强度</td><td>工作负荷</td><td>5</td><td rowspan="3">劳动强度指劳动者为完成本岗位工作所消耗的体力和精神紧张程度的差异</td></tr>
<tr><td>班次形式</td><td>5</td></tr>
<tr><td>体力强度</td><td>5</td></tr>
<tr><td>劳动环境</td><td>噪声</td><td>5</td><td>劳动环境指的是劳动者所在的劳动场所的外部环境条件，主要是指对劳动者身心健康产生影响的各种有害因素</td></tr>
</table>

二、工作评价指标选择

（一）工作评价指标选择的原则

工作评价指标的选择一般要遵循以下 4 项原则。

1. 实用性

选择评价指标时，必须从组织的实际出发，全面体现岗位劳动的特点，以提高岗位劳动评价的应用价值。

2. 普遍性

所选择的工作评价指标应该是对不同岗位劳动具有普遍的适用性和代表性，而不是仅仅适用或反映个别的特殊劳动。因此，要结合组织的实际运营情况，确定与组织生产劳动密切相关的具有代表性或共性的反映劳动量及差别的指标。

3. 可评价性

评价指标具有可评价性，评价结果才具有科学性，才能体现岗位劳动的差别。因此，所选择的评价指标在实际运用过程中，可以采用现有的技术和方法，能按统一的评价标准作出独立的评价，并且能定量化或数量化。

4. 全面性

全面性即指评价因素能全面反映生产岗位劳动者的劳动状况和劳动量，体现不同岗位的差别劳动，反映出岗位劳动对企业劳动成果的贡献。因此，对影响岗位劳动诸因素的选择既不能遗漏也不能重复，必须从多方面选择多个评价因素，通过多因素综合评价来实现全面、科学的评价。

（二）工作评价指标的提炼

选择工作评价指标时，可以通过对各个岗位工作流程的输入端、业务处理过程、输出端以及工作环境或工作条件的一些关键要素进行取样和分析（见图 8-2），从中提炼出一些对各岗位具体劳动具有代表性的抽象化指标，从而使各个岗位的劳动和价值具有可比性。

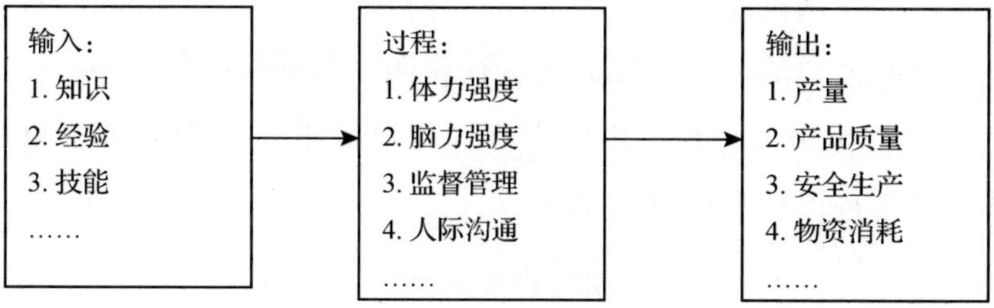

图 8-2　工作评价指标提炼示意图

第三节　工作评价的方法

一、岗位排列法

岗位排列法是将组织中各岗位按一定的标准（如工作的难易程度、职责的大小等）进行排序，从而得出各岗位相对价值高低的一种方法。它分为定限排列法和成对排列法两种。其主要操作步骤如图 8-3 所示。

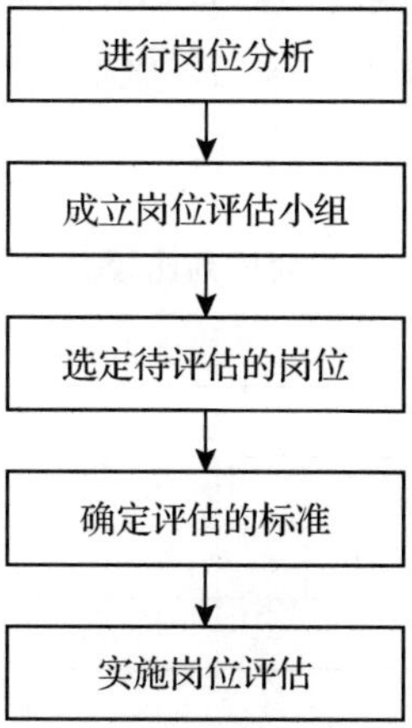

图 8-3　岗位排列法操作流程图

（一）定限排列法

此方法将所有的被评价岗位按照衡量指标依次选择最重要的和最不

重要的岗位，分别排序，最终完成岗位评价的工作。

下面以某公司的9个岗位为例进行说明，其岗位代码为A~I。

1. 按照评价指标从9个指标中选择相对最重要和相对最不重要的岗位分别放置在首位和末尾（见表8-7）。

表8-7 定限排列法示例

岗位代码	C	E	G	F	B	D	I	H	A
岗位排序	1	2	3	4	5	6	7	8	9

2. 岗位C相对最为重要，排序为1；岗位A相对最不重要，排序为9。将其余的7个岗位按照上述方法进行排列，以此类推，完成所有岗位的排列。

3. 获得所有岗位的最终排序。

（二）成对排列法

将组织中所有的岗位，按照岗位评价要素成对地加以比较，按分数高低顺序将职务进行排列，即可划定职务等级，分数最高者即等级最高者。表8-8中，按照成对排列法对B-001、B-002、B-003、B-004这4种工作进行了比较。

表8-8 成对排列比较表

岗位代码	B-001	B-002	B-003	B-004	分数
B-001	/	1	1	1	3
B-002	0	/	1	0	1
B-003	0	0	/	0	0
B-004	0	1	1	/	2

B-001与B-002比较，B-001优于B-002，在对应的表格里记1，B-002同B-001相比，劣于B-001，在相应的表格栏里记0，其余的同理可得。

依次对各个评价要素进行配比排序，将各个评价要素的评价结果整理汇总，获得最终的岗位排序结果（见表8-9）。

表 8-9　　成对排列比较汇总统计

岗位评价要素	B-001	B-002	B-003	B-004
岗位责任				
知识				
技能				
工作量				
工作环境				
分数				
最终排序				

排列法是一种简单的工作评价方法，小企业、工作岗位不多的比较适用此方法，简单易行，但评价标准过于宽泛，主观因素强。

二、岗位分类法

岗位分类法也称岗位归类法或岗位归级法，它是在岗位分析的基础上，按岗位的工作性质、特征、繁简难易程度、工作责任大小和岗位任职者需要具备的任职条件等，对组织全部岗位进行类别和层级的划分，即事先确定岗位类别和等级标准，然后根据岗位工作职责与确定的岗位类别和等级标准进行配比归类的一种岗位评价方法。其操作步骤如下。

（一）进行岗位分析

岗位分析是岗位评价的基础。在采用岗位分类法对岗位进行评价前，组织需要由专业人员组成岗位分析与评价小组，进行岗位分析，为岗位分类法的实施做好准备。

（二）进行岗位分类

按照经营过程中各类岗位的工作范围、职能特点或功能特征，将公司的全部岗位分成几个大的系统，如管理类、市场营销类、技术研发类、专业支持类等。在此基础上，将各个系统中的各岗位分成若干层次。

（三）建立岗位等级结构和等级标准

在运用岗位分类法开展岗位评价时，最重要的工作是建立岗位等级结构和等级标准，形成一个岗位等级体系。岗位等级体系的建立包括建立岗位等级数量和等级标准（见表 8-10）。

表 8-10　建立岗位等级数量和等级标准

内容	内容介绍
岗位等级数量	岗位等级数量与企业的组织规模、结构、岗位功能等密切关联，具体的数量没有明确的要求。岗位等级数量只要便于岗位评价工作的实施，能有效区分岗位价值即可
岗位等级标准	岗位等级标准是区分工作重要性、进行岗位评价的核心内容。对每一个等级的定义和描述都要依据企业选定的要素进行，进而形成岗位等级标准

表 8-11 是某企业销售类岗位的等级结构和等级标准。

表 8-11　某企业销售类岗位的等级结构和等级标准

岗位等级	岗位名称	岗位等级描述
1	见习销售代表	协助销售代表完成销售订单，包括拜访客户、签约、交货、回款和售后服务工作；在销售代表的指导下，完成客户关系维护与业务洽谈等工作
2	销售代表	担任见习销售代表满 1 年，可以独立开展某一地域内的销售业务
3	高级销售代表	担任销售代表满 3 年，可以独立负责某一区域内的销售业务
4	销售经理	担任高级销售代表满 2 年，负责管理某区域的整体销售业务工作
5	销售总监	担任销售经理满 5 年，负责全国范围内的产品销售和市场拓展工作

（四）实施工作评价

确定岗位等级数量和等级标准后，将岗位说明书与岗位等级标准一一进行比较，将被评价岗位置于相应的级别。通过测评和微调，最终评定企业不同类别的岗位价值，形成等级结构。

岗位分类方法需要有详细的岗位说明书和等级说明作指导。适用于工作岗位多、工作之间差别大，尤其是公共部门及大公司的管理人员、专业技术人员。

该方法的优点是简单明确，容易理解和接受，灵活性高，由于等级标准有事先制定的标准，因此结果比排列法准确、客观。其缺点是主观性强，较难划分工作的类型，而且若职级划分得不合理，将会影响整个岗位评估工作的效果。

三、要素计点法

应用要素计点法时，需要事先根据组织的实际情况选取若干个关键性的薪酬要素，将每一个薪酬要素分成若干等级，对每一等级赋予分值，这个分值也称作是“点数”，然后将被评价岗位与各项薪酬要素进行比较，确定被评价岗位在各项薪酬要素上的得分，最后得到每个岗位的总点数，以此决定岗位的薪酬水平。

要素计点法具有直观性强、量化精细的特征，虽然操作复杂却是一种比较容易理解和应用的方法，其实施步骤如下。

（一）岗位分析

在进行岗位评价前，组织需要针对现有岗位收集资料，开展岗位分析工作，完成岗位说明书的编制和修订。岗位分析不仅是对岗位工作内容、职责、权限以及任职条件的梳理，也是合理选择薪酬要素的基础。

（二）岗位分类

岗位分类可以使薪酬要素的选择更加聚焦，进而使得岗位评价的结果更为准确。

由于每个岗位在工作任务、工作职责等方面存在较大的差异，因此需要对岗位进行分类，如管理类、营销类、技术类、操作类等。岗位分类的精细程度视组织规模大小和岗位评价工作的具体要求而定。

(三) 选择岗位评价要素

岗位的评价要素一般从劳动技能、劳动责任、劳动强度和劳动环境 4 要素出发，在此基础上，进一步细分各要素的细化指标。

(四) 定义岗位评价要素

在完成岗位评价要素的选择后，需要对每项评价要素进行界定。明确地界定评价要素可以确保岗位评价人员在理解和运用这些评价要素时的一致性（见表 8-12）。

表 8-12　　定义岗位评价要素

岗位评价要素	要素定义
责任	企业对员工按照预期要求完成工作的依赖程度，强调岗位任职者所承担职责的重要性
知识技能	完成某种岗位工作所需具备的经验、培训经历、能力以及教育水平

不同组织针对不同岗位进行评价时，所选择的评价要素是不太一样的。企业可根据自身的实际情况，对通用的（劳动技能、劳动责任、劳动强度和劳动环境）岗位评价要素作进一步细分。

表 8-13 是某生产企业为工作评价设计的评价要素。

表 8-13　　某生产企业工作评价要素表

评价要素	细分要素
岗位责任	质量责任
	经济效益责任
	风险控制的责任
	指导监督的责任
	组织协调的责任
知识技能	学历要求
	专业理论知识
	工作经验
	工作复杂性
	综合管理能力

续表

评价要素	细分要素
劳动强度	工作压力
	工作地点的稳定性
	工作负荷量
	体力劳动强度
工作环境	工作时间
	工作危险性
	环境舒适性

（五）确定岗位评价要素等级

确定各岗位评价要素的等级是为了准确区分、度量岗位所包含的每一个岗位评价要素的相对价值。组织应根据实际情况对选择的评价要素进行等级划分，每一个评价要素所划分的等级数量取决于要素的复杂性、重要程度和岗位评价人员的评价需要，且对每一要素及要素的每一等级都需要有明确的定义。下文给出了两个示例（见表 8-14、表 8-15）。

表 8-14　知识多样性要素等级

等级	等级定义：在顺利完成工作时，需要使用多种学科、多个专业领域的知识。判断的基准在于知识的广博而不在于知识的精深
1	偶尔使用其他学科知识
2	较频繁地使用其他学科的一般知识
3	频繁地综合使用其他学科知识
4	工作要求经常变换专业领域

表 8-15　工作复杂性要素等级

等级	等级定义：在工作中履行职责的复杂程度
1	有固定化的操作程序且作业任务单一，很少需要作出独立判断和决策
2	有一部分工作有固定化的程序，且经过 1~2 个月的培训，工作任务 3~4 项，有时会需要灵活处理和作出判断

续表

等级	等级定义：在工作中履行职责的复杂程度
3	需掌握1~2门专业技术，只有少部分工作有固定化的操作程序，经常需要对较为复杂的事情进行处理
4	工作中处理大量的人、财、物信息，不确定的因素较多，需运用多种专业技能和具备较强的解决问题的能力

（六）确定各岗位评价要素权重

确定各岗位评价要素在岗位评价方案中的权重是一项十分重要的工作，它对确保岗位评价工作结果的公平与公正起到至关重要的作用（见表8-16）。

表8-16　　　　确定各岗位评价要素权重

岗位评价要素名称	权重	细分要素	权重
岗位责任	35%	决策的责任	25%
		风险控制的责任	20%
		指导监督的责任	20%
		内部协调的责任	20%
		外部协调的责任	15%

（七）确定岗位要素各等级点值

在实施岗位评价时，除了需要确定岗位评价要素的点值，还需再确定每一岗位评价要素的不同等级所对应的点值。

1. 算术法

首先，分别确定各岗位评价要素中最高等级的点数，将其界定为各要素在岗位评价体系中的总点数。其次，算出不同等级之间的点值级差，即最高等级总点数与总等级数的商。最后，将前一级的点值依次减去点值级差，就可以得出每一级的点值。

例如：将1 000点作为总点数，来计算“内部协调责任”要素各等级点值。计算方法见表8-17。

表 8-17　　运用算术法确定岗位要素各等级点值示例

“内部协调责任”要素总点值 = 1 000×35%×20% = 70	
“内部协调责任”要素分为 5 级，点值级差为 70÷5 = 14	
“内部协调责任”要素 5 级点值	70
“内部协调责任”要素 4 级点值	56
“内部协调责任”要素 3 级点值	42
“内部协调责任”要素 2 级点值	28
“内部协调责任”要素 1 级点值	14

2. 几何法

运用几何法计算岗位要素点值时，需要在等级递增的幅度上保持相同的百分比。首先，要确定不同岗位要素等级之间的点值比率差；其次，将第 5 级的点值依次除以比率差；最后，可以得出剩下的 4 个等级点值。

仍以“内部协调责任”这一要素为例来计算，且总点数也是 1 000，点值比率差为 30%。计算方法（见表 8-18）。

表 8-18　　运用几何法确定岗位要素各等级点值示例

“内部协调责任”要素总点值 = 1 000×35%×20% = 70	
“内部协调责任”要素 5 级点值	70
“内部协调责任”要素 4 级点值	70÷（1+30%）≈54
“内部协调责任”要素 3 级点值	54÷（1+30%）≈42
“内部协调责任”要素 2 级点值	42÷（1+30%）≈32
“内部协调责任”要素 1 级点值	32÷（1+30%）≈25

（八）开展工作评价

一切准备工作就绪后，岗位评价小组便可对所有被评价岗位开展评价工作了。

下文是用要素计点法设计的一则“以岗定薪”的方案，便于读者更好地理解这一方法。

以岗定薪是建立在岗位评价基础上的，其中岗位等级是以岗定薪的一个因素，这就需要企业管理人员对企业的所有岗位进行科学的岗位评价，即将所有的岗位按其业务性质分为若干组，然后按责任大小、工作难易程度、所需受教育程度、技术高低和创造的价值量大小，通过打分、排序，划分为若干职级、职别，对每一个岗位给予准确的定义和描述，制成岗位说明书，以此作为确定岗位价值的依据。

下面给出一个具体的示例，供读者参考。

设计方案示例

1. 基本情况

某制鞋厂是一个具有30多年历史的中型企业，公司有员工近200人。

2. 评价要素

公司按岗位评价所涉及因素分为5大项，即岗位技能、岗位责任、劳动强度、工作条件、岗位流向性。5大项按其在公司相对重要性分配比重，再分别分解，所分解的分支因素按在大项中的重要性分配基础分值。根据岗位实际情况在基分的基础上乘打分系数，各大项中的分支因素得分加权所得为本项得分，5大项得分分别乘以各自在岗位评价中相对比重后加权取整得分为所评价岗位的岗位分。

3. 岗位工资的确定

例如：选公司某控制岗位为例计算岗位分及岗位工资，其示例见下表。

岗位工资的确定示例

评价要素	细分要素	本项得分
岗位技能	文化素质：中专	（4.0×20+2.5×20+2.5×20+3.0×20+1.5×20）×25%=67.5分
	岗位技能：技术性熟练工作	
	工作经验：3年	
	专业技术知识：专业性强	
	基本工作能力：需完成较复杂同类工作	
岗位责任	效益责任：对本单位效益影响较大	（4.0×30+4.0×20+1.0×15+1.0×20+1.0×15）×40%=100分
	管理安全生产责任：对本单位管理、安全、生产影响重大	
	直接管理人数：接受管理	
	管理复杂程度：日常事务工作	

续表

评价要素	细分要素	本项得分
劳动强度	工作负荷：工作量较大，工作日内较紧张	(2.0×25+3.5×30+2.0×20+3.0×25)×15%=40.5分
	精神疲劳度：任务有时限，多样化，有压力	
	体力劳动负荷：一般性体力劳动	
	工作难易程度：工作技术性强，问题多变，需有一定专业水平	
工作条件	工作环境：经常性在污染区内操作	(2.0×40+4.0×20+6.0×40)×10%=40分
	工作时效性：需轮班作业	
	工作危险性：处于运转设备较多，有一定危险性	
岗位流向性	岗位流向：岗位比较固定	(4.0×40+5.0×60)×10%=46分
	人心流向性：岗位比较重要，人员有向公司以外流动倾向	
总计得分		294

该公司经过研究制定的工资标准是“在保质保量完成工作的情况下，100分系数可得工资0.8元”。如果当天的绩效是所制定标准的4倍（按照公司制定的办法，即乘以400），那么该控制岗位这名工人当天可收入294/100×0.8×400=94.08（元）。

四、要素比较法

要素比较法是一种量化的工作评价方法。在确定关键岗位和付酬因素的基础上，运用关键岗位和付酬因素制成关键岗位排序表，然后将待评岗位就付酬因素与关键岗位进行比较，确定待评岗位的工资率。

它也是在要素相互比较的基础上完成岗位评估的。与要素计点法的不同之处在于，被评价的岗位因素是与组织中作为关键岗位的要素进行比较的。

在使用要素比较法进行岗位评价前，企业需要收集全部岗位的工作信息和相关数据等资料，认真开展岗位分析工作，据此编制完善的岗位说明书。在此基础上，按照如下步骤进行操作。

（一）选择标准岗位

为方便不同类别岗位的比较，需要在每一类岗位中选择具有关键性的岗位作为标准岗位，标准岗位的数量根据组织规模、业务特征等方面而定。关于关键性职位的选取，应该挑选那些在很多组织中普遍存在的且工作内容相对的稳定的岗位。

（二）选择薪酬因素

从所选择的所有标准岗位中筛选、提炼若干共同的薪酬因素，在实际工作中，所筛选的薪酬因素应尽可能覆盖所有的岗位。

（三）按薪酬因素分配薪酬

将标准岗位的薪酬总额按照选定的薪酬因素进行分解，确保各薪酬因素所分配的薪酬数额的合理性（见表 8-19）。

表 8-19　　按薪酬因素分配工资表

因素 薪酬	智力要求	体力要求	技能要求	劳动责任	劳动条件

（四）实施岗位评价

针对每个薪酬因素，将待评定的岗位与这些关键性岗位相比较，并相应地赋予数值，形成表 8-20 所示的一张工资表。

表 8-20　　岗位工资表

因素 薪酬	智力要求	体力要求	技能要求	劳动责任	劳动条件
200 元/月	甲岗位	丙岗位			丙岗位
300 元/月		B			B

续表

因素 薪酬	智力要求	体力要求	技能要求	劳动责任	劳动条件
400 元/月		甲岗位	B		A
500 元/月		A	A	甲岗位	乙岗位
600 元/月	乙岗位	乙岗位	甲岗位	A	甲岗位
700 元/月	A		丙岗位	B	
800 元/月			乙岗位		
900 元/月	B			丙岗位	
1 000 元/月	丙岗位			乙岗位	

现有待评定的工作 A、B 与上述三个岗位进行比较，得到 A、B 每月的工资为：

工作 A＝700+500+500+600+400＝2 700（元）

工作 B＝900+300+400+700+300＝2 600（元）

五、海氏评估系统

海氏评估系统又称工作评价指导图，是由美国薪酬设计专家爱德华·海（Edward Hay）于 1951 年研究开发出来。它有效地解决了不同部门的不同职务之间相对价值的相互比较和量化的难题。

海氏评估系统将所有职务所包含的最主要的付酬因素分为 3 种：技能水平、解决问题的能力和责任，并按照以上 3 个要素及相应的标准进行评估打分，得出每个岗位评估分，即岗位评估得分＝技能水平得分+解决问题能力得分+责任得分。其中技能水平得分和责任得分及最后得分都是绝对分，而解决问题的评估分是相对分（百分比）。

海氏评估系统中的每一个付酬因素又细分为不同的子因素，具体内容见表 8-21。

表 8-21　　海氏评估系统中的付酬因素

付酬因素	因素解释	子因素
技能水平	工作所需的知识和技能	专业知识技能
		管理技能
		人际技巧
解决问题的能力	发现并解决工作中出现的问题的能力	环境
		难度
责任	任职者的行为给工作带来的结果	行动的自由度

海氏评估系统将 3 种付酬要素的各子要素进行组合，相应设计了 3 套评价量表：知识技能水平表、解决问题能力表、承担责任表。开展岗位评价时，按照评价量表对岗位进行打分，最后将所得分值加以综合，即可算出各个岗位的相对价值。

根据海氏评估系统提出的“职务状态构成”理论，职务的状态取决于技能和解决问题的能力两个因素与责任的权重大小，并据此划分出职业的 3 种状态，具体内容如图 8-4 所示。

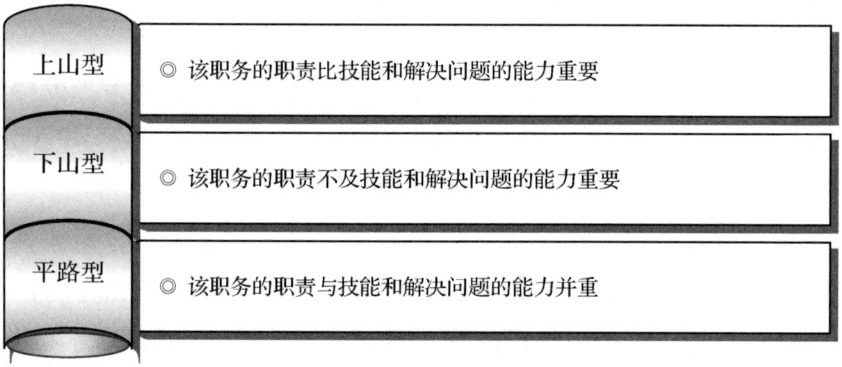

图 8-4　海氏评估系统提出的职务状态

根据职务的形态不同，分别赋予这 3 个付酬因素不同的权重，划分为技能、解决问题的能力与责任两部分。其中“上山型”的权重分配为 40%+60%，“下山型”的权重分配为 70%+30%，“平路型”的权重分配为 50%+50%。

下面，运用该方法对行政助理、研发专员、营销副总 3 个岗位进行评估。

（一）技能评估

行政助理、研发专员、营销副总在技能因素上的评估情况见表 8-22、表 8-23。

表 8-22　　　　技能因素评估等级表

岗位名称	付酬因素			分析说明
	专业知识水平	管理技巧	人际技巧	
行政助理	二级			对专业知识技能要求不高，只需具备初等业务水平即可
		一级		基本上是被别人领导，涉及的管理事务较少，只需掌握基本的管理技巧即可
			三级	需要配合其他部门的工作，需要与很多相关人员联系且妥善处理各种事情，是关键的
研发专员	七级			对专业知识精通，扎实的专业功底
		一级		基本上是独立开展工作，无须管理或很少有开展管理活动的必要，因此应为起码的
			一级	只需在工作上与其他人员有信息交流即可，无须太多的人际沟通技巧
营销副总	八级			需精通营销管理的各项专门知识和掌握灵活的工作技巧，并要在下属当中树立起自己的绝对权威
		五级		营销工作是企业中最难应付的工作之一，需要具备很高的管理技巧，在管理技巧方面是广泛的
			三级	需要和大量不同的人员联系，且沟通的好坏对工作结果有很大的影响，在人际技巧上，应是关键的

表 8-23 技能因素评估得分一览表

		管理技巧														
		基本的			相关的			多样的			广泛的			全面的		
人际技巧		基本的	重要的	关键的	基本的	重要的	关键的	基本的	重要的	关键的	基本的	重要的	关键的	基本的	重要的	关键的
专业知识水平	基本的															
	初等业务的	60	70	80												
		64	75	85												
		70	90	100												
	中等业务的															
	高等业务的															
	基本专业技术															
	熟练专业技术															
	精通专业技术	300	325	355												
		320	360	380												
		350	400	450												
	权威专业技术										500	520	535			
											540	555	570			
											580	600	620			

得分：由表 8-23 可以很清楚地看出，在专业知识水平因素上，行政助理为 80 分、研发专员为 300 分、营销副总为 620 分。

（二）解决问题的能力评估表

解决问题的能力评估表见表 8-24、表 8-25。

表 8-24　　　　解决问题因素评估等级表

岗位名称	付酬因素等级		分析说明
	难度	环境	
行政助理	三级		实际工作过程中，无固定化的解决模式，一部分工作要靠自己灵活处理，属中间型的
		二级	基本上属于常规性的工作，并且主要是根据接受上级领导的指示展开工作
研发专员	五级		研发工作需要高水平的脑力劳动，解决问题的难度属于无先例的
		六级	研发过程中需考虑到国家规定的各种技术标准等的限制
营销副总	五级		大部分工作无明确的指导，需较强的创新能力
		八级	需要根据变化的市场相应地做出决策

表 8-25　　　　解决问题因素评估得分一览表

		问题解决难度									
		重复性的		模式化的		中间性的		适应性的		无先例的	
问题解决环境	高度常规性的										
	常规性的					20%	**23%**				
						26%	28%				
	半常规性的										
	标准化的										
	明确规定的										
	广泛规定的									60%	65%
										82%	85%
	一般规定的										
	抽象规定的									72%	80%
										85%	98%

在解决问题能力因素评估情况上，行政助理得分为 23%、研发专员为 82%、营销副总为 85%。

（三）责任评估

在这一评估系统中，对“责任评估”的细分进行了如下规定，具体内容见表 8-26。

表 8-26　　　　　　　　　　责任评估因素说明

细分因素	内容说明
行动的自由度	职务能在多大程度对其工作进行个人性指导与控制，该子因素包含 9 个等级，从自由度最小的第 1 级（有规定的）到自由度最大的第 9 级（一般性无指引的）
职务对结果的影响	该子因素包括 4 个等级： 第 1 级是后勤性作用，即只在提供信息或偶然性服务上出力； 第 2 级是辅助性作用，即出主意与提供建议； 第 3 级是分摊性作用，即与本企业内外其他部门和个人合作，共同行动，责任分摊； 第 4 级是主要作用，即由本人承担主要责任
职务责任	可能造成的经济性正负性后果。该子因素包括 4 个等级，即微小的、少量的、中级的和大量的

以“行政助理”一职为例，其部分工作都有规范性的指引，故在“行动自由度”这一因素方面，属于“一般性规范”的档次；其性质大多属于辅助性的工作，故在“职务对结果的影响”这一因素方面，属于“辅助”的档次，在“职务责任”因素方面，也可将其归于“微小”的档次内（见表 8-27）。

表 8-27　　　　　　　　　　责任评估得分一览表

职务责任		微小				少量				中级				大量			
对结果的影响		间接		直接		间接		直接		间接		直接		间接		直接	
		后勤	辅助	分摊	主要	后勤	辅助	分摊	主要	后勤	辅助	分摊	主要	后勤	辅助	分摊	主要
行动的自由度	有规定的																
	受控制的																
	标准化的																
	一般性规范的		**48**														

续表

职务责任		微小				少量				中级				大量			
对结果的影响		间接		直接		间接		直接		间接		直接		间接		直接	
		后勤	辅助	分摊	主要	后勤	辅助	分摊	主要	后勤	辅助	分摊	主要	后勤	辅助	分摊	主要
行动的自由度	有指导的																
	方向性指导的												**140**				
	广泛性指导的																
	战略性指导的															**700**	
	一般无指导的																

上述3个岗位在各个付酬因素上的得分见表8-28。

表8-28　　3个岗位在3个付酬要素评估上得分一览表

付酬因素 / 岗位名称	技能水平	解决问题的能力	责任
行政助理	80	23%	48
研发专员	300	82%	140
营销副总	620	85%	700

以上三个岗位最终得分如下：

行政助理评估得分＝80×（1+23%）×50%+48×50%＝73.2

研发专员评估得分＝300×（1+82%）×70%+140×30%＝424.2

营销副总评估得分＝620×（1+85%）×40%+700×60%＝878.8

第四节　各类岗位的工作评价

一、管理岗位工作评价

（一）管理岗位工作评价指标体系

根据管理岗位的岗位特征设计评价要素对岗位进行评价，只确定了岗位评价的指标还不够，还需根据不同评价要素的重要程度，设计不同的指标权重。

管理工作岗位评价标准表设计见表 8-29、表 8-30。需要说明的是，每个企业要根据自己的实际情况确定适合自己的岗位评价指标体系。

表 8-29　　管理工作的岗位评价标准

要素指标	因素指标	级别				因素指标（%）	要素指标（分）	要素指标权重（%）
		1	2	3	4			
知识技能	学历要求	20	40	60	100	20	100	10
	工作经验	10	30	60	100	25		
	专业知识	20	45	85	100	20		
	知识的广度	20	40	65	100	15		
	公文处理	20	35	55	100	20		
劳动技能	学习能力	25	42	73	100	10	100	25
	分析判断能力	15	25	65	100	12		
	决策能力	10	40	70	100	15		
	领导能力	15	25	60	100	20		
	人际沟通能力	10	22	68	100	12		
	创新能力	5	15	55	100	15		
	处理突发事件能力	5	25	70	100	16		
劳动责任	经济效益责任	10	45	100	/	25	100	40
	风险控制责任	20	65	100	/	20		
	安全管理责任	10	55	100	/	10		
	协调责任	5	15	60	100	15		
	管理幅度	5	20	72	100	5		
	决策责任	10	45	100	/	20		
	法律责任	5	40	100	/	5		
劳动强度	工作压力	12	28	60	100	28	100	20
	工作紧张程度	10	22	65	100	25		
	工作复杂程度	15	32	66	100	35		
	工作负荷量	20	42	70	100	12		
劳动环境	工作时间	20	35	78	100	25	100	5
	噪声危害	25	55	70	100	35		
	职业病危害	5	45	100	/	40		

注：岗位评估总点数 = Σ（各因素点数×权重）。

表 8-30　　岗位评价因素指标分级标准定义

知识技能	学历要求	1. 大专　2. 本科　3. 硕士　4. 博士
	工作经验	1. 具备同岗位 1 年以下的工作经验 2. 具备同岗位 1~2 年的工作经验 3. 具备同岗位 3~4 年的工作经验 4. 具备同岗位 5 年及以上的工作经验
	专业知识	1. 掌握基本的专业知识即可 2. 需要在已掌握知识的基础上有一定的提升，能快速地掌握 3. 专业知识的要求较高，并且不断地更新，需紧跟专业知识的前沿 4. 专业知识的要求高并能灵活运用到企业决策中来
	知识的广度	1. 只需掌握专业知识即可较顺利的完成本职工作，偶尔使用其他相关学科知识 2. 需要运用 1~2 门的相关专业的知识，且使用频率较高 3. 需要运用 2~3 门的跨专业的知识进行日常的工作 4. 需要不断地补充新知识和接受培训来完成工作
	公文处理	1. 处理普通的信函、邮件、会议记录及宣传稿件的写作 2. 向领导汇报的重要文件及重大媒体上企业新闻稿件的写作 3. 向领导汇报的重要文件及重大媒体上企业新闻稿件的写作，有一定的外语水平 4. 重要文件的起草、制定，熟练的外语水平
劳动技能	学习能力	1. 掌握一定的专业知识，业余时间补充一定的额外知识 2. 需学习专业外的 1~2 门学科，以便有效地开展工作 3. 每间隔一段时间需大量补充新知识，掌握新的工作方法和技巧 4. 不断地、快速地接受新知识并较快地运用到工作中去
	分析判断能力	1. 只需按照工作程序规范化操作即可，基本上不需要具备分析判断的能力 2. 按照工作程序规范化操作，需要具备基本的分析判断的能力 3. 有一定的工作程序和规范，但工作灵活性强，需要具备较强的分析判断的能力 4. 有一定的工作程序和规范，但工作灵活性强、复杂程度较高，需要具备很强的分析判断的能力
	决策能力	1. 工作中基本上不需作出太大的决策，且对他人的影响不大 2. 工作中需作出一定的决策，但只影响到所在小组成员内的工作 3. 工作中需作出较大的决策，但影响到本部门及工作关系很密切的部门 4. 工作中需作出较高层的决策，关系到整个企业的发展

续表

劳动技能	领导能力	1. 只对本部门所在的其中一个工作小组负责，且管辖人数 1~3 人，具备基本的领导素质即可 2. 对本部门的整个工作负责，需要较强的领导和团队管理能力（相当于部门主管或经理） 3. 对整个企业的某一部分工作全权负责，需要很强的管理能力（相当于总监级别） 4. 对整个企业全面负责，具备很强的领导能力（相当于总裁或总经理）
	人际沟通能力	1. 只与本部门的人员有交流和工作上的联系，同企业其他部门基本上沟通较少 2. 与本部门的人员有交流和工作上的联系，同企业其他部门有一定的沟通，但频率不高 3. 因工作内容的变更，经常与其他部门沟通 4. 除在企业内部与各部门人员的沟通外，还需与外部的相关组织沟通
	创新能力	1. 工作有规范化的程序，基本上不需创新 2. 工作程序基本上规范化，需要一定的创新能力 3. 工作具有一定的挑战性，需要较强的创新能力 4. 工作具有很强的挑战性，需要具备很强的创新能力
	处理突发事件能力	1. 基本上无突发事故发生 2. 事故有一定的规律且能事先预防，发生的概率不大，处理难度不大 3. 没有一定的规律且不能事先预防，发生的概率小，处理难度大 4. 没有一定的规律且不能事先预防，需要多年的实践经验和多方面知识的积累，处理难度大
劳动责任	经济效益责任	1. 微小，对本企业的整体经济效益基本不负责任 2. 较大，对本企业的经济效益负有部分责任 3. 重大，直接对本企业的经济效益负主要责任
	风险控制责任	1. 仅有一些小的风险，且对企业影响不大 2. 有一定的风险，给企业带来较明显的影响 3. 有较大的风险，给企业带来很严重的后果
	安全管理责任	1. 责任很小，对本企业的安全生产管理影响甚微 2. 责任较大，对本企业的安全生产管理影响显著 3. 责任重大，对本企业的安全生产管理起着关键性的作用

续表

劳动责任	协调责任	1. 几乎不用协调或者只需与本部门的人员协调即可，并不太影响双方的工作 2. 需与本部门及其他部门的人员协调，对双方的工作有一定的影响 3. 需与本部门及少量的外部组织协调，对工作有较大的影响 4. 除协调企业内部部门之间的工作外，还需与企业外部组织保持密切的联系，并对企业有着至关重要的作用
	管理幅度	1. 作出的决定只影响小组成员的工作，对整个企业几乎没什么影响（基层管理者） 2. 作出的决定影响到整个部门的工作（相当于部门经理或主管） 3. 作出的决策直接关系企业的发展状况（相当于高层管理者）
	决策责任	1. 基本上只接受别人的管理，不管理别人 2. 直接管理人数 3~5 人 3. 对整个部门负责 4. 对整个企业负责
	法律责任	1. 不参与有关合同或协议事务的工作 2. 需要撰写合同或协议，并对结果负有部分责任 3. 需要撰写或审核合同或协议，并对结果负有全部责任
劳动强度	工作压力	1. 工作有规范的程序，工作灵活性较小，工作压力较小 2. 工作灵活性较强，但难度不大，有一定的工作压力 3. 工作需要经常作出快速反应，且难度较大，工作压力大 4. 工作需要经常作出快速反应且工作任务多样化，难度较大，工作压力很大
	工作紧张程度	1. 有标准化的工作操作标准，自己能较好地安排工作 2. 大部分时间能灵活处理自己的工作，较少情况工作节奏紧张 3. 经常工作节奏紧张 4. 上班期间高强度的脑力劳动，且经常加班
	工作复杂程度	1. 较简单地处理一些常规日常事务 2. 负责某一方面的事务，但经过简单培训即可胜任 3. 负责某一部门的工作，且会有突发事件的处理，需要掌握多种技能 4. 对整个企业全面负责，需要掌握多种技能，反应迅速，工作难度大

续表

劳动强度	工作负荷量	1. 一般，工作量适中，基本上能在上班时间内完成工作，每天平均用于完成本岗位的纯作业时间在6~8小时，无须加班 2. 较大，工作满负荷，需要充分利用并合理地安排工作，每天平均用于完成本岗位工作的纯作业时间在8小时以上，否则会需要占用额外的时间完成 3. 较重，工作量大，每天平均用于完成本岗位工作的时间在10小时以上，在充分利用正常上班时间的基础上，还需经常加班才能完成工作 4. 很重，工作任务繁重，每日平均工作时间在10小时以上，50%以上的公休假日和法定节假日用于工作
劳动环境	工作时间	1. 基本上按照正常的上下班时间进行 2. 大部分时间按照正常的上下班时间，偶尔需要出差 3. 无固定的上下班时间，根据工作而定，可以自己控制 4. 无固定的上下班时间，根据工作而定，有时自己无法控制
	噪声危害	1. 71~85 dB（A） 2. 61~70 dB（A） 3. 60 dB（A）以下
	职业病危害	1. 基本上无职业病危害 2. 存在职业病的潜在危害 3. 职业病发生的概率较高

（二）汇总评价结果

根据上述设定的评价指标，对组织内的各个管理岗位进行打分，计算各岗位的分值，并分类进行汇总，填写《管理岗位评价得分汇总表》（见表8-31）。

表8-31　　管理岗位评价得分汇总表

岗位	分值	备注
生产总监		
财务总监		
市场总监		
……		

二、技术岗位工作评价

在此我们分两部分内容对技术岗位进行工作评价，如下面的公式所示。

岗位得分=工作绩效+技术成果

其中，工作绩效权重占70%，技术成果权重占30%。

（一）技术成果说明

1. 技术成果包括3个评价维度，即获奖情况、发表的论文数量和所做的技术报告。

2. 论文和技术报告是指在行业内工作中完成的，不包括在校期间的成果。其中，发表论文的数量，每增加1篇，第1级别的分数增加5分，第2级别的分数增加10分，第3级别的分数增加15分。

3. 同一获奖的项目分获不同级别或奖项的奖励时，只取最高一级获奖得分，不累计其他奖励级别得分。

（二）技术岗位工作绩效评价指标体系

技术岗位工作绩效评价指标体系分为工作绩效评价体系和技术成果评价体系两部分，具体评价指标内容见表8-32、表8-33。

表8-32　　技术岗位工作绩效评价指标体系

要素指标	细化指标及权重	等级	分级标准	分值（单位：分）
知识技能 8%	学历 20%	1	高中及以下	20
		2	大专	45
		3	本科	75
		4	硕士及以上	100
	专业知识 20%	1	了解本岗位的相关规范和操作程序	20
		2	系统地掌握本岗位的相关规范和操作程序，并有基本的实践操作经验	45

续表

要素指标	细化指标及权重	等级	分级标准	分值（单位：分）
知识技能 8%	专业知识 20%	3	系统地掌握本岗位的相关规范和操作程序，有基本的实践操作经验，并了解目前该行业（技术）国内外发展的状况	80
		4	专业知识功底深厚且有自己独到的见解和创意	100
	业务技术知识 15%	1	仅掌握本专业领域的基本知识或对一些基本知识有一定的了解	20
		2	掌握本专业的主要知识领域	40
		3	除对本专业知识有较好的掌握外，还有本专业领域的丰富的专业技术知识	75
		4	有本专业领域的深厚的技术知识积累	100
	相关职业资格证书 10%	1	取得初级相关专业的职业资格证书	40
		2	取得中级相关专业的职业资格证书	70
		3	取得高级相关专业的职业资格证书	100
	专业技术掌握程度 35%	1	一般，能解决日常技术工作	30
		2	有一定的难度，需进行新项目、新技术的研发工作	60
		3	负责整个项目管理的工作	80
		4	负责整个企业的技术管理工作	100
劳动技能 35%	工作经验 15%	1	从事本职工作 1 年及以下	10
		2	从事本职工作 2~3 年	40
		3	从事本职工作 3~5 年	70
		4	从事本职工作 5 年及以上	100
	基本操作能力 35%	1	工作说明书中规定的最基本的应知应会的操作事项	20
		2	精通本岗位的某一方面，或组织解决一些小课题	45
		3	要精通本专业，有较强的技术分析能力和技术，负责组织、指导某一项目或课题的研发	75
		4	全面领导本企业重大项目的技术工作	100

续表

要素指标	细化指标及权重	等级	分级标准	分值（单位：分）
劳动技能 35%	组织策划能力 15%	1	组织策划的方案存在严重的缺陷，几乎很难保证项目的顺利完成	15
		2	组织策划的方案有一定的可行性，在实践中可作出相应的调整，并具有较强的执行能力，基本能够保证项目按要求完成	35
		3	组织策划的方案有较强的可行性，能够保证项目按要求完成	75
		4	组织策划的方案有很强的可行性，并制定有保障性措施，能够保证项目按要求完成	100
	创新能力 35%	1	基本都是程序化的工作，若出现新情况，须向上级领导请示	10
		2	部分工作需要自己独立分析判断，并对具体技术工作能提出创新性建议	30
		3	部分工作需要通过钻研和努力，并在工作的关键环节上进行了技术和方法创新，被证明提高了效率和解决了问题，具备较强的创新能力	65
		4	利用现有的资源，不断取得技术上的突破，具备很强的创新能力	100
劳动责任 40%	质量责任 25%	1	较小，只是一些辅助性的工作	12
		2	较大，直接负责产品检测的部分指标工作	60
		3	很大，对产品质量的关键指标负主要责任	100
	技术责任 40%	1	责任微小，对企业技术管理工作影响不大	20
		2	责任较小，对企业技术管理工作影响较小	40
		3	责任较大，对企业技术管理工作影响较大	70
		4	责任重大，对企业技术管理工作影响重大	100
	安全管理责任 15%	1	做好自己的本职工作即可，对企业的安全生产影响甚微	11
		2	负责所在部门的生产管理，对企业的影响较大	40
		3	对整个企业的安全生产管理负主要责任，需要具备较强的专业知识和敏锐的预见能力	100

续表

要素指标	细化指标及权重	等级	分级标准	分值（单位：分）
劳动责任 40%	管理幅度 20%	1	受直接上司的领导	5
		2	直接下属 3~5 人	20
		3	负责整个项目小组的工作	60
		4	负责整个技术部门的工作	100
劳动强度 12%	工作的复杂程度 70%	1	工作任务明确且难度较小	15
		2	工作内容繁多，部分任务需要具备较强的分析、独立解决问题的能力	40
		3	工作内容包括需进行某一新项目且有一定难度的研发工作	75
		4	解决目前企业存在的问题	100
	工作负荷量 30%	1	工作任务在正常的上班时间就可以完成	30
		2	工作任务繁重，在很有计划性的基础上能在上班时间完成工作	42
		3	工作量大，合理安排工作后仍需加班	75
		4	加班频率高，一周的加班时间累计达 12 小时以上	100
劳动环境 5%	工作时间 20%	1	正常的上下班时间（9：00 a. m.—17：30 p. m.）	60
		2	无固定的工作时间，根据工作内容而定	100
	工作场所 30%	1	室内：环境较好	30
		2	室外：现场项目的检测、试验等	100
	安全隐患 50%	1	基本上无危险	30
		2	有一定的危险	100

表 8-33　　技术岗位技术成果指标评价体系

要素指标	等级	分级标准	分值
获奖情况	1	获市级科技进步三等奖	
	2	获市级科技进步二等奖/国家科技进步三等奖	
	3	获市级科技进步一等奖/国家科技进步二等奖	
	4	获国家科技进步一等奖	

续表

要素指标	等级	分级标准	分值
发表的论文	1	发表于企业内部刊物的数量	
	2	发表于企业外部技术刊物的数量	
	3	发表于国家一级技术刊物的数量	
所做的技术报告	1	企业内部员工代表大会上所作的报告次数	
	2	同行业技术交流/研讨会上所作的报告次数	
	3	政府科研机构举办的各种会议上所作的报告次数	

（三）技术岗位评价得分汇总表

根据各技术岗位评价标准，填写技术岗位评价得分汇总表，见表 8-34。

表 8-34　　技术岗位评价得分汇总表

岗位	分值	备注
质检工程师		
认证工程师		
质量管理专员		
……		

三、生产岗位工作评价

根据劳动技能、劳动责任、劳动条件和劳动强度等评价要素及相应权重来对生产岗位的各个工作进行评价，得出各岗位的相对价值大小。评价标准见表 8-35。

表 8-35　　生产岗位评价标准表

要素	细化指标及权重	因素等级	评价标准	分值
劳动技能 35%	所受教育 20%	1	初中及以下学历	20
		2	高中学历	40
		3	大专或本科学历	80
		4	硕士及以上	100

续表

要素	细化指标及权重	因素等级	评价标准	分值
劳动技能 35%	专业知识 28%	1	了解本专业领域的一些基本知识并能一般地应用	20
		2	深入了解本专业领域的一些基本知识并能熟练地应用	40
		3	深入了解本专业领域的知识和相关领域的知识并能熟练地应用	80
		4	深入了解本专业领域的知识和多个领域的知识并能熟练灵活地应用	100
	技能素质 32%	1	会简单操作机器设备即可，岗位对技能素质的要求较低	20
		2	熟练操作机器设备，需具备一定的技能素质	40
		3	岗位对任职者技能素质的要求较高	75
		4	岗位对任职者技能素质的要求很高	100
	工作经验 20%	1	无工作经验	20
		2	1 年左右工作经验	40
		3	1~2 年工作经验	80
		4	2 年以上工作经验	100
劳动责任 40%	产量责任 20%	1	较小，一般的服务性岗位及辅助生产的一般岗位	10
		2	一般，辅助生产的重要岗位	30
		3	较大，产品生产工序中的一般岗位	80
		4	重大，产品生产工序中的主要岗位和维修工种的重要岗位	100
	质量责任 20%	1	辅助性的岗位，无质量责任	20
		2	协助生产，质量责任较小	35
		3	负责产品生产的主要工序，质量责任较大	75
		4	全面负责企业的生产，质量责任重大	100
	成本管理 25%	1	辅助性的岗位，对产品的成本、材料消耗几乎没有责任	15
		2	有一定的责任，直接从事产品的生产	30
		3	较大的责任，主要负责技术工艺的改进	70
		4	责任重大，全面负责生产成本的管理	100

续表

要素	细化指标及权重	因素等级	评价标准	分值
劳动责任 40%	安全生产责任 10%	1	微小，对本单位安全生产影响微小	20
		2	较小，对本单位安全生产影响较小	45
		3	较大，对本单位安全生产影响较大	70
		4	很大，对本单位安全生产影响很大	100
	管理责任 25%	1	无，基本上只接受管理，不管理别人	10
		2	较小，直接管理人数 3~5 人	20
		3	一般，直接管理人数 5~15 人	65
		4	较大，直接管理人数 15 人及以上	100
劳动强度 20%	工作负荷 50%	1	一般，工作量较小，日平均纯劳动时间在 8 小时以下	20
		2	较大，工作量较大，日平均纯劳动时间在 8~10 小时	40
		3	较重，工作量较大，日平均纯劳动时间在 10 小时以上	80
		4	很重，工作量很大，日平均纯劳动时间在 10 小时以上，且 30%的节假日时间用于加班	100
	精神疲劳度 50%	1	一般，工作内容重复，压力较小	20
		2	紧张，任务灵活，有一定的压力	45
		3	很紧张，任务灵活且工作多样性，时限性较强	75
		4	非常紧张，有较强的创新能力，压力大	100
劳动条件 5%	工作时间 30%	1	正常的上下班时间	30
		2	早班、晚班	100
	工作环境 70%	1	正常的办公环境，基本上无劳动危险	10
		2	无有毒有害物质的侵蚀，劳动危险程度小	30
		3	短时间可能会接触有毒有害物质，劳动危险程度较大	80
		4	长时间接触有毒有害物质，劳动危险程度大	100

根据各生产岗位评价得分情况填写生产岗位评价得分汇总表，见表 8-36。

表 8-36　　生产岗位评价得分汇总表

岗位	分值	备注
生产部经理		
车间主任		
……		

四、服务岗位工作评价

根据服务岗位的岗位特征设计评价要素，并根据不同评价要素的重要程度设计不同的权重指标（见表 8-37），以便于岗位评价工作人员对各服务岗位进行测评打分。

表 8-37　　服务岗位岗位分析和岗位评价表

要素	子因素及权重	因素等级	评价标准	分值
劳动技能 30%	文化素质 20%	1	初中及以下学历	20
		2	高中/中专学历	40
		3	大专及本科学历	75
		4	硕士及以上	100
	知识素质 20%	1	了解本行业/专业的基础知识，且能一般运用	30
		2	深入了解本行业/专业的知识，且能熟练运用	60
		3	比较了解与本专业相关联的其他领域知识，并完全掌握其相互间关系	80
		4	所掌握的知识具有行业权威性	100
	工作经验 10%	1	1 年以下工作经验	20
		2	1~2 年工作经验	45
		3	2~4 年工作经验	70
		4	4 年以上工作经验	100
	工作灵活性 10%	1	属于常规性工作，几乎不需要灵活性	20
		2	大部分属于常规性工作，有时会需要灵活处理少部分工作	30
		3	大部分属于常规性工作，经常会需要灵活处理少部分工作	80
		4	大部分工作属于非常规性的，经常需要根据具体情况而灵活处理	100

续表

要素	子因素及权重	因素等级	评价标准	分值
劳动技能 30%	沟通技能 30%	1	一般，只需简单的信息交流即可	20
		2	需掌握一定的沟通技巧、较强的逻辑性和语言表达能力	40
		3	较强的沟通技巧，有影响、说服他人的能力	75
		4	很强的沟通技巧，有较好的协调能力和谈判能力	100
	决策影响力 10%	1	无，几乎很少作出决策	10
		2	较小，仅影响自己的工作，对其他人员几乎没有影响	15
		3	较大，对本部门的工作有较大的影响，直接影响当前工作成果，如导致工作延误、降低效率或增加开支	60
		4	重大，影响企业业绩和长期规划	100
劳动责任 30%	外部协调责任 30%	1	基本上不需要和外部人员发生工作上的联系	20
		2	工作中需要与外部固定少数人员发生联系	45
		3	需要与外部多方工作人员取得联系	85
		4	需要与本单位、外部部门的负责人保持密切联系，频繁沟通，联系的原因往往涉及重大问题或者重要决策	100
	内部协调责任 30%	1	工作上只需与本部门员工进行工作协调	10
		2	与本部门员工和其他部门员工有密切的工作联系，协调不利会影响双方的工作	30
		3	几乎与组织大部分员工都有密切的工作联系，协调不利对组织工作有一定的影响	70
		4	与各部门的经理或负责人有密切的工作联系，在工作中需要保持随时联系和沟通，协调不利对整个公司有重大影响	100
	安全责任 20%	1	微小	20
		2	较小	45
		3	较大	70
		4	重大	100

续表

要素	子因素及权重	因素等级	评价标准	分值
劳动责任 30%	管理责任 20%	1	无，基本上是接受管理，不管理别人	30
		2	较小，直接管理人数 3~5 人	50
		3	一般，直接管理人数 5~15 人	80
		4	较大，直接管理人数 15 人及以上	100
劳动条件 10%	工作时间 50%	1	基本上是正常时间上下班	20
		2	上下班时间根据工作具体情况而定，但有一定的规律，自己可以控制安排	50
		3	上下班时间根据工作具体情况而定，且无规律可循，自己无法控制、安排	100
	工作环境 50%	1	一般，室内办公，几乎无劳动危险	20
		2	劳动危险程度较大	60
		3	劳动危险程度大	100
劳动强度 30%	劳动负荷 50%	1	一般，工作量适中，基本上能在上班时间内完成工作，每天平均用于完成本岗位的纯作业时间在 6~8 小时，无须加班	20
		2	较大，工作满负荷，需要充分利用并合理地安排工作，每天平均用于完成本岗位工作的纯作业时间在 8 小时以上，否则会需要占用额外的时间完成	45
		3	较重，工作量大，每天平均用于完成本岗位工作的工作时间在 10 小时以上，在充分利用正常上班时间的基础上，还需经常加班才能完成工作	70
		4	很重，工作任务繁重，每日平均工作时间在 10 小时以上，50% 以上的公休假日和法定节假日用于工作	100
	劳动疲劳度 50%	1	一般，压力较小	20
		2	较紧张，有一定的工作压力	35
		3	紧张，工作任务具有多样性	75
		4	非常紧张	100

根据上述设定的评价指标，对组织内的服务岗位进行打分，计算各

岗位的分值，并分类进行汇总，填写服务岗位评价得分汇总表（见表8-38）。

表8-38　　服务岗位评价得分汇总表

岗位	分值	备注
厨师		
保安		
保洁员		
……		

课程实训

结合本章内容的学习，请设计一则“工作评价实施方案”。

实训指导：

每一份方案都与具体的工作任务关联，所以编制的方案其目的性要明确、实施对象具体，并且操作环节清晰、可执行。具体到工作评价实施方案，则需对方案的实施范围、所选用的评价指标、采用的评价方法、评价的结果等内容进行清晰的说明。

下文是一则“工作评价实施方案”的范例，供读者参考。

<table>
<tr><td rowspan="2">方案名称</td><td rowspan="2">工作评价实施方案</td><td>文本编号</td><td></td></tr>
<tr><td>生效日期</td><td></td></tr>
<tr><td colspan="4">一、评价依据
评价依据包括组织发展战略、岗位说明书等。
二、实施范围
本公司此次对公司各部门的主管岗位进行价值评估。
三、成立岗位评价小组
岗位评价小组的成员，主要负责对各岗位做出科学的评价，作为岗级划分的主要依据。</td></tr>
</table>

组长：总经理

副组长：人力资源部经理

组员：各部门经理、人力资源部工作人员

四、确定岗位评价方法

岗位评价的方法有很多，本次评价采用的是因素计点法。

五、设定评价指标及其权重

本次工作评价选用工作内容的复杂性、工作结果的影响、监督管理责任、岗位任职资格及工作环境5项因素对各个岗位进行评价，以确定各个岗位的相对价值。评价指标因素权重见下表。

评价因素权重表

工作内容的复杂性	工作结果的影响	监督管理责任	岗位任职资格	工作环境
0.35	0.3	0.2	0.1	0.05

对各个因素的解释与评分标准见下表。

工作内容的复杂性分级及分级定义表

评价标准	分数
辅助、维护性的工作，工作内容单一且不需工作技巧	20~30
辅助、维护性的工作，需要一定的工作技巧	31~50
只需掌握基本岗位工作技巧即可完成工作任务	51~69
完成工作需要有一定的工作技巧，有一定难度	70~79
工作灵活性强，有一定的创新能力	80~89
完成工作任务需要高度的创造性、挑战性，对任职人员的要求较高	90~100

工作结果的影响分级及分级定义表

评价标准	分数
完成自己的本职工作，其结果对其他部门/人员几乎没影响	60~69
工作结果对本部门的人员有较大影响	70~79
工作结果对其他部门的人员有较大影响	80~89
工作结果对企业整体的战略发展方向都有较大影响	90~100

监督管理责任分级及分级定义表

评价标准	举例	分数
辅助性的岗位	后勤管理人员	10~19
只对某一项工作负责	一线生产员工	20~39
负责一个班/组的领导责任	车间组长	40~59
负责多个部门的协调责任	秘书、文员	60~79
负责一个部门/公司的 1~3 项主要责任	各职能部门专员	80~89
负责一个部门的 4 项以上的责任	部门主管	90~100

工作环境分级及分级定义表

评价标准	分数
工作环境优越	10~19
工作环境较好	20~29
正常的办公环境	30~39
有一定的噪声、粉尘的污染	40~49
基本上在室外工作	50~60

岗位任职资格分级及分级定义表

经验 学历	简单的设备操作，有固定化的操作程序	有一定的工作技巧	工作灵活性较强，须具备独立开展工作的能力	有技术专业经验或丰富的工作阅历	跨职务的丰富的管理经验
	1 年以下	1~2 年	3~4 年	5~10 年	10 年及以上
大专/本科	55~60	61~65	66~70	71~80	81~90
硕士	60~65	66~70	71~79	80~89	90~100
博士	65~69	70~75	76~85	86~89	90~100

六、岗位评价结果汇总

岗位评价结果汇总见下表。

评价因素 岗位	评价分数总计	工作内容的复杂性	工作结果的影响	监督管理责任	岗位任职资格	工作环境
		0. 35	0. 3	0. 2	0. 1	0. 05
营销主管	74. 85	75	82	80	75	10
财务主管	72. 75	75	75	80	75	10

续表

评价因素 岗位	评价分数总计	工作内容的复杂性	工作结果的影响	监督管理责任	岗位任职资格	工作环境
		0.35	0.3	0.2	0.1	0.05
生产主管	71.40	75	75	72	75	15
物流主管	73.50	75	80	75	75	15
人力主管	73.10	70	82	80	75	10
后勤主管	75.75	80	80	80	70	15

本章自测题

1. 简述工作评价的作用。
2. 简述工作评价的原则。
3. 简述工作评价的特点。
4. 工作评价的要素都包括哪些方面?
5. 谈谈要素计点法与要素比较法的异同。
6. 对海氏评估系统这一工作评价方法进行介绍。